# 마음이 일러 주는 하느님
IL CUORE CI PARLA DI DIO

**IL CUORE CI PARLA DI DIO**
*L'importanza del discernimento per la vita di oggi*
Papa Francesco (Jorge M. Bergoglio)
curated by Giacomo Costa

© Dicastero per la Comunicazione-Libreria Editrice Vaticana 2023

© 2023 Edizioni San Paolo s.r.l.
Piazza Soncino 5 – 20092 Cinisello Balsamo (Milano) – ITALIA
www.edizionisanpaolo.it
All rights reserved.

Korean Translation Copyright © 2024 Living with Scripture Publishers, Seoul, Korea.

이 책의 한국어판 저작권은
Dicastero per la Comunicazione-Libreria Editrice Vaticana와 Edizioni San Paolo s.r.l.과
독점 계약한 '성서와함께'에 있습니다.
저작권법의 보호를 받는 저작물이므로 무단 전재와 복제를 금합니다.

오늘의 삶을 위한 식별
## 프란치스코 교황

# 마음이 일러 주는 하느님

IL CUORE
CI PARLA
DI DIO

자코모 코스타 엮음
정강엽 옮김

 LIBRERIA EDITRICE VATICANA

성서와함께

서문

# 식별의 중요성

"식별은 기술arte, 배울 수 있는 기술입니다." 프란치스코 교황은 이렇게 말씀하시면서 2022년 8월부터 2023년 1월까지 수요일 일반 알현 중에 해 왔던 식별에 대한 교리 교육을 마치셨습니다(이 책은 바티칸 출판사Libreria Editrice Vaticana와의 협력으로 출간되었다).

'식별의 기술'이 무엇인지를 가르친 이 교리 교육은 성찰과 기도 생활을 돕기 위한 일련의 제안이었습니다. 식별은 교회 내에서 수 세기 동안 충분한 관심을 받지 못한 기술이었지만, 이제는 프란치스코 교황 덕분에 기쁘게도 교회의 관심과 시노드[1] 여정의 중심에 놓였습니다.

---

[1] 역자주: 시노드synod는 그리스어에서 '함께·같은 장소·동시에' 등의 뜻을 지닌 단어(syn)와 '길·거리·방법·여정' 등의 뜻을 지닌 단어(hodos)의 합성어이다. '함께하는 여정'이라는 뜻의 시노드는 여러 사람들이 한 곳에 모여 같은 목표를 향해 어떤 문제를 고민하고 분석하고 효과적인 해결을 위해 공동의 노력을 기울여 함께하는 과정을 의미한다. 시노드라는 용어는 '세계주교대의원회의synodus episcoporum'와 '교구대의원회의synodus dioecesana', 즉 '주교 시노드'와 '교구 시노드'로 사용한다.

식별에 관한 첫 번째 교리 교육에서 교황은 "선택은 삶의 필수 요소입니다. 그렇기 때문에 식별은 모두에게 중요한 행위입니다"라고 말씀하십니다. 선택이 우리의 삶을 규정하고 우리의 정체성을 결정한다는 것은 사실입니다. 이러한 이유만으로 식별의 중요성을 과대평가하는 것이 쉬운 일은 아닙니다.

우리가 살아가는 이 시대는 '유동적'이며 복잡합니다. 이에 대해서는 논쟁의 여지가 없습니다. 그렇기 때문에 지금은 그 어느 때보다도 식별의 중요성이 요구되는 시대임을 인정하게 됩니다. 예전처럼 단순히 가정이나 사회에서 인정된 규범과 습관을 철저하게 준수하려 애쓰는 것만으로 식별을 잘하는 것이 가능하지 않기 때문입니다. 그런 가운데에서도 '나를 위한 가장 큰 사랑은 어디에 있는가?' 하는 근본적인 질문은 여전히 남아 있습니다. 이 근본적인 질문은 선험적으로 정의될 수 없는 것입니다.

만일 우리가 자유로운 남성과 여성이 되고자 한다면, 식별하는 사람이 되어야 합니다. 그 누구라도 우리를 대신해서 결정해 주는 것은 좋지 않기 때문입니다. 그러기에 식별이라는 기술에 대한 접근을 아주 단순하게 조명하는 이 교리 교육은 매우 중요합니다.

프란치스코 교황은 복음에 나오는 몇 가지 이야기를 예로 들며, 일상생활에서 식별이 요청되는 결정을 우리가 어떻게 내려야 하는지 보여 줍니다. 식별에는 지성, 전문 지식, 의지 그리고 식별 후에 따라오는 어떠한 대가라도 감수하겠다는 자발적 의향이 요구됩니다. 프란치스코 교황은 특유의 스타일로 다음과 같이 말합니다. "중요한 선택은 복권에서 나오는 것이 아닙니다. 그렇지 않고 말고요. 그 선택에는 대가가 따르며 그 대가를 지불해야 합니다!"

또한 두 번째 교리 교육에서 교황은 수많은 하느님의 남성과 여성 중에 식별의 대가로 알려진 로욜라의 성 이냐시오를 언급하며, "예기치 못한 상황을 조심하라"고 말합니다. 이냐시오 성인은 '자신이 꿈꿔 왔던 삶'을 산산이 부서트릴 만큼 심각한 부상을 입은 후 고향 스페인의 로욜라 성에서 회복하던 중이었습니다. 그때 그는 자신의 내면에서 일어나는 움직임에 주의를 기울이며,[1] **우리 마음이 하느님에 대해 어떻게 일러 주는지** 알게 되었습니다. 이냐시오 성

---

[1] 역자주: 군인이자 궁정의 사람이었던 이냐시오는 1521년 5월 20일 스페인 팜플로나Pamplona에서 프랑스군과의 전투 중에 다리에 심각한 부상을 입었다. 스페인 바스크 지방의 고향 로욜라Loyola에 있는 성에서 죽음의 문턱을 넘나드는 혹독한 회복기를 통해 깊은 회심을 체험하며 모든 것을 새롭게 바라보기 시작했다.

인의 이 체험으로, 프란치스코 교황의 식별에 대한 교리 교육에서도 많이 인용된 소책자이자, 수 세기 동안 기도와 식별의 지침서로 사용되어 온 《영신수련》이 탄생했습니다.

어느 크리스마스 카드에서 "하느님처럼 하십시오. 사람이 되십시오!"라고 적힌 글귀를 보았습니다. 식별에 관한 프란치스코 교황의 교리 교육은 우리가 '사람이 되기 위하여' 매일 말씀의 빛 안에서 앞으로 나아가도록 훌륭한 가르침을 줍니다.

2023년 1월 18일, 로마에서
예수회 총장
아르투로 소사 아바스칼
Arturo Sosa Abascal, S.J.

---

2  역자주: 이냐시오 성인은 회심한 후 예루살렘 성지 순례를 떠난다. 바르셀로나로 가는 길에 만레사Manresa라고 하는 마을에 1522년 3월 25일에 도착하여 11개월을 머물렀다. 만레사에서 경험한 결정적인 영적 체험을 통해 이냐시오 성인은 《영신수련》을 집필하였다.
《로욜라의 성 이냐시오 영신수련》, 정제천 옮김, 이냐시오 영성연구소, 2010.

## 들어가는 말

이 책은 프란치스코 교황이 선출된 후 첫 10년 동안[1] 식별에 대해 가르친 내용을 담은 것입니다. 두 부분으로 구성된 구조는 이 책의 독특한 성격을 반영합니다. 식별은 어떤 기법이나 조직된 방법론이 아니라 마음의 태도이자 지혜입니다. 식별을 배우려면 공부도 해야 하지만 그것만으로는 충분하지 않습니다. 실천이 필요합니다. 영적 전통이나 영적 스승과의 대면을 통해 우리의 삶을 성찰하면, 이는 살아 있는 유산이 되어 그 성찰을 표현하고 전달할 수 있습니다.

    제1부는 2022년 8월 31일부터 2023년 1월 4일까지 수요일 일반 알현에서 한 열네 차례의 교리 교육 과정을 재구성했는데, 특히 프란치스코 교황이 예수회 회원으로서 몸소 살아온 이냐시오 영성의 전통에 따른 식별의 지침을 제시합니다. 교황은 체계적인 접근 방식의 교리 교육을 통해 생생하고 쉬운 일상의 언어로 식별의 초석을 다집니다. 이와 달리 제2부는 프란치스코 교황 재임 기간 동안 남긴 문

---

[1] 역자주: 2013년 3월 13일에 교황으로 선출되었다.

서와 연설 중 식별을 다룬 부분을 발췌한 것입니다. 지면 관계상 성령의 이끄심에 열려 있는 주님의 제자들이 의사결정을 하는 데 사용할 수 있는, 식별이 요청되고 설명이 필요한 여러 구체적인 상황 중에 가장 중요한 부분만을 발췌했습니다. 제2부는 질문에 대한 간단한 응답이나 각종 만남에서 행한 연설에서부터 교황의 사도적 권고와 회칙에 이르기까지, 다양한 방식의 가르침에서 발췌한 긴 글로 구성되어 있고, 글마다 내용을 함축하는 제목과 출처에 대한 설명을 담고 있습니다. 가톨릭교회의 사명과 실제 현실에 대한 프란치스코 교황의 개인적인 식별의 열매를 담은 문서는 훨씬 더 많지만(생태 회칙 〈찬미받으소서 *Laudato si'*〉와 〈모든 형제들 *Fratelli tutti*〉을 생각해 보면 충분합니다), 지면상의 제약뿐만 아니라 교황이 걸어왔던 길을 보여 주려면 더 자세한 소개가 필요하기에 이 책에 담지 않았습니다.

    제2부는 제1부에서 성찰한 것과 동일한 요소가 있지만 형식은 서로 다릅니다. 사실 구체적이고 다양한 상황에서 같은 요소가 주어지더라도, 식별의 기술은 그 요소들이 나타나는 시간과 장소를 구별합니다. 제1부와 제2부는 서로 연결되어 있습니다. 교리 교육은 컴퓨터 프로그램을 설치하거나 가구를 조립하듯 구체적인 현실에서 맹목적으로 적용

되어야 하는 '지침'이 아닙니다. 대신 이론과 실제가 도움을 주고받으며 서로를 살아 있게 하고, 무엇보다도 식별하는 사람이 발전하여 안내문에 설명된 사례를 뛰어넘어 새로운 상황에 대처하게 합니다. 모든 기술과 마찬가지로 식별 과정에서도 창의성과 새로움이 필요합니다. 이는 이미 우리가 알고 있는 것을 재현하는 것은 물론, 끊임없이 변화하는 현실에도 적응하게 합니다.

제2부는 시간순이 아닌 세 개의 핵심 단어 또는 장 Sezioni을 중심으로 구성됩니다. 이런 방식으로 몇 가지 '핵심 주제'(《찬미받으소서》, 16항 참조)를 끌어내고, 구체적인 상황에서 식별을 통해 나타나는 여러 차원이나 측면을 강조했습니다. 식별은 살아 있는 유기체와 같습니다. 이러한 특성상 각 부분의 경계가 항상 명확하지는 않고, 지속적으로 상호 참조가 일어나며, 일부 텍스트는 다른 주제와 함께 배치되어 연관성이 부족할 수도 있습니다. 이 책의 목표는 최고의 분류 체계를 만드는 것이 아니라, 프란치스코 교황이 제안한 영적 식별이 독자들에게 새로운 자극이 되도록 독려하고, 식별을 살아갈 지도를 제공하는 것입니다.

특히 I장 '성령께 귀 기울이기'는 식별의 실천이 갖는 심오한 영적 본질을 강조합니다. 이는 현실에 대한 성찰이

기도의 분위기와 믿음의 빛 안에서만 일어날 수 있음을 의미합니다. 왜냐하면 식별의 목표는 성령께서 우리를 어떻게 이끄시는지 알아내는 것이기 때문입니다. 발췌된 본문 중 하나는 다음과 같이 말합니다. "식별은 하느님께서 세상의 역사, 삶의 사건들, 그리고 내가 만나고 나에게 말하는 사람들 안에서 일하고 계시다는 확신에 기초합니다." 그러므로 역사가 선을 지향한다고 가정하기에, 식별은 복음의 기쁨을 기준으로 삼는 믿음의 행위일 뿐만 아니라 희망의 행위입니다. 이렇게 믿음과 희망으로 현실을 받아들인다는 확신을 토대로, 프란치스코 교황은 식별의 과정을 인식, 해석, 선택이라는 세 단계로 특징짓습니다. 우리는 이 세 단계를 통해서 우리가 처한 현실과 선한 영과 악한 영이 활동하는 인간의 마음을 신학적 차원에서 깊이 바라볼 수 있습니다. 따라서 양심의 역할에 유의하는 것이 중요합니다. 양심은 내면의 스승과 만나고 대화하는 장소로, 엄격한 규범이나 이상화된 자유의 이미지 뒤로 숨고 싶은 유혹을 이겨 내는 데 도움이 됩니다. 교황 권고 〈기뻐하고 즐거워하여라 *Gaudete et exsultate*〉 중 식별을 다룬 제5장의 내용 대부분을 이 책에 재수록하여 신자들이 일상생활에서 겪는 문제의 깊이를 표현할 수 있게 해 줍니다.

II장 '공동체적 역동성'은 식별이 영적 실천이기에 항상 교회의 활동이기도 하다는 점을 강조합니다. 재능과 직무일 뿐만 아니라 식별의 일부이기도 한 성령의 은사는 개인에게 맡겨지지만, 항상 공동체를 세우기 위한 목적으로 사용해야 한다는 것입니다. 이는 2021-2024 세계주교대의원회의에서처럼 많은 사람이 참여하여 공동 식별을 할 때뿐만 아니라, 개인 식별을 할 때도 해당됩니다. 식별은 개인이 공동체에서 차지하는 위치를 고려하지 않고서는 이루어질 수 없습니다. 여기에서 식별은 하느님 백성의 **신앙 감각** sensus fidei이나 교회 내 권위의 역할과 그 권위를 행사하는 방식과 같은 심오한 신학적 주제와 만납니다. 또한 식별은 2018년 젊은이들을 위한 세계주교대의원회의와 뒤이어 나온 교황 권고 〈그리스도는 살아 계십니다 Christus vivit〉에서 공동체 전체에 맡겨진 직무로 정의된 영적 동반의 중요성에 대한 숙고와도 연결됩니다.

III장 '선교로 부르심'은 진정으로 영적이고 교회적인 식별을 보여 주는 선교를 위한 지향에 초점을 맞춥니다. 식별은 우리를 부르시는 성령의 음성을 알아차리는 것이 목적이지만, 무엇보다도 우리가 그 음성을 따르도록 재촉합니다. '선교'와 '파견'이라는 단어는 '회심'과 '쇄신'처럼 '소명'

또는 '부르심'이라는 단어와 관련이 있습니다. 그리고 대학이나 새로운 통신 기술과 같이 엄밀히 말해 교회와 직접 관련이 없는 특정 영역과 사명에도 식별의 중요성을 언급하는 몇 가지 단서가 있습니다.

    이 책은 프란치스코 교황 자신의 식별 체험에 대한 이야기로 끝이 납니다. 교황은 어떻게 삶 속에서 식별을 발견했으며, 포기하지 않고 이 식별의 길을 걷기 시작했는지 보여 줍니다. 교황은 식별의 실천이 우리 삶의 이야기가 되기를 요청하며, 그의 경험에 귀 기울이기보다 우리 자신의 식별 체험을 쌓는 길을 걸어가자고 초대합니다.

자코모 코스타
Giacomo Costa, S.J.

‖ 차례 ‖

서문 · 4
들어가는 말 · 8

## 제1부 — 식별에 대한 안내
### 수요일 일반 알현 교리 교육

1. 식별이란 무엇인가? · 18
2. 식별의 사례 – 로욜라의 성 이냐시오 · 24
3. 식별의 요소 – 주님과의 친밀함 · 32
4. 식별의 요소 – 자기 인식 · 39
5. 식별의 요소 – 갈망 · 46
6. 식별의 요소 – 자신의 삶이라는 책 · 53
7. 식별의 대상 – 영적 실망 · 60
8. 왜 영적 실망에 빠지는가? · 67
9. 영적 위로 · 73
10. 참된 영적 위로 · 81
11. 좋은 선택의 확증 · 87
12. 깨어 있음 · 93
13. 식별을 위한 도움 · 100
14. 영적 동반 · 110

## 제2부 ── 교회 생활에서 식별의 실천에 대한 대화, 연설, 가르침

### I. 성령께 귀 기울이기

1. 제자 되기 · 124
2. 양심의 소리에 귀 기울이기: 규정과 자유 사이에서 · 134
3. 청할 선물 · 144

### II. 공동체적 역동성

1. 신앙적 본능의 아름다움과 힘 · 154
2. 식별의 권위 · 159
3. 동반하는 공동체 · 172

### III. 선교로 부르심

1. 식별과 선교 · 186
2. 나는 누구를 위한 존재인가?: 응답을 위한 식별 · 196
3. 식별의 장소 · 207

결론_이것은 저의 식별 체험입니다 · 213

프란치스코 교황

## 제1부

### 식별에 대한 안내
수요일 일반 알현 교리 교육

## 1. 식별이란 무엇인가?

일반 알현, 2022년 8월 31일

노년에 대한 교리 교육을 마치고,<sup>1</sup> 오늘부터 새로운 주제로 교리 교육을 시작합니다. 이제 우리는 **식별**을 다루는 교리 과정을 시작할 것입니다. 선택은 삶의 필수 요소입니다. 그러기에 식별은 모두에게 중요한 행위입니다. 우리는 여러 가지 선택의 가능성을 앞에 두고 식별을 합니다. 무엇을 먹고 무엇을 입을지, 무엇을 배우고 어떤 일을 할지, 누구와 어떻게 관계를 맺을지 선택합니다. 이 모든 것 안에서 삶의 계획이 실현되고, 하느님과의 관계도 구체화됩니다.

    복음에서 **예수님은 일상생활에서 만나게 되는 이미지를 가지고 식별에 대해 말씀하십니다**. 좋은 물고기는 그릇에 담고 나쁜 물고기는 밖에 던져 버리는 어부들을 예로 드십니다. 많은 진주 중에서 가장 값진 진주를 찾아내는 방법을 아는 상인에 대해서도 말씀하십니다. 또, 밭을 갈다가 보물을 발견한 사람 이야기도 있습니다(마태 13,44-48 참조).

---

1  역자주: 2022년 2월 23일부터 8월 24일까지 프란치스코 교황은 일반 알현에서 노년에 대한 교리 교육을 했다.

이러한 예에 비추어 볼 때, 식별은 그 자체로 적절한 순간을 포착하기 위한 **지성intelligenza, 전문 지식perizia, 의지volontà**의 표현입니다. 이것들은 좋은 선택을 하기 위한 조건입니다. 즉, 좋은 선택을 하려면 지성, 전문 지식, 의지가 필요합니다. 그리고 식별을 효과적으로 하기 위해서 우리가 치러야 할 비용도 있습니다. 어부는 더 좋은 결과를 얻기 위해서 노고를 마다하지 않고 긴 밤을 바다에서 보내야 하고, 경매자에게 최상품의 생선을 넘기기 위해 상품 가치가 떨어지는 어획물의 일부를 버리는 손실을 감수해야 합니다. 진주 상인은 값진 진주를 사기 위해 가진 모든 것을 파는 일을 주저하지 않습니다. 우연히 보물을 발견한 사람도 마찬가지입니다. 이렇듯 예상치 못하고 계획에 없었던 상황에서 내려야 하는 결정의 중요성과 긴급성을 인식하는 것이 중요합니다. 모두가 스스로 결정을 내려야 합니다. 우리를 대신해 결정해 줄 사람은 없습니다. 어느 시점까지는 자유로이 남의 의견을 구하고 그에 따라 생각할 수도 있지만, 결정은 결국 자신의 몫입니다. 우리는 "남편이, 아내가, 내 형제가 이렇게 결정했기 때문에 나는 이것을 놓치고 말았어"라고 말할 수 없습니다. 그래서는 안 됩니다. 우리 각자가 스스로 결정해야 하며, 그렇기 때문에 식별할 줄 아는 것이 중요합니다. 잘 결정하기 위해서는 **식별**할 줄 알아야 합니다.

복음은 식별의 또 다른 중요한 측면을 제시하는데, 이는 몇 가지 **정감**과 관련이 있습니다. 보물을 발견한 사람은 가진 모든 것을 파는 일을 어려워하지 않습니다. 보물을 얻은 **기쁨**이 훨씬 더 크기 때문입니다(마태 13,44 참조). 마태오복음에 나오는 '기쁨'이라는 단어는 인간이 경험하는 현실에서는 맛볼 수 없는 특별한 기쁨을 지칭합니다. 실제로 이 단어는 마태오복음의 다른 구절에서 아주 가끔 등장하는데, 모두 하느님과의 만남에서 오는 기쁨을 뜻합니다. 동방에서 온 박사들은 길고 고된 여행 끝에 다시 별을 보고 기뻐합니다(마태 2,10 참조). 여자들은 빈 무덤에서 천사들이 전하는 예수님의 부활 소식을 듣고 돌아와 기뻐합니다(마태 28,8 참조). 이는 주님을 찾은 사람의 기쁨입니다. 좋거나 올바른 결정을 내리는 과정의 끝에는 언제나 기쁨이 있습니다. 그 과정에서 불확실성도 견뎌야 하고, 고민도 해야 하고, 답을 찾아야 할 수도 있지만 결국 올바른 결정은 기쁨으로 여러분을 축복합니다.

**최후의 심판**에서 하느님은 우리를 대상으로 식별을, '커다란 식별'을 하실 것입니다. 농부, 어부, 상인의 이미지는 하늘 나라에서 일어나는 일의 예시입니다. 하늘 나라는 우리의 일상 삶과 행동 안에서 드러나며, 그때마다 우리에게 어떤 태도를 취할 것을 요구합니다. 따라서 식별하는 법을 아는 것은 중요합니다. 훌륭한 선택이 언뜻 부차적인 일로 보이지만, 결정적인 것으로 판명되는 상황에서 발생할 수 있습니다. 예를 들어, 안드레아 사도와 세례자 요한이 예수님을 처음 만났을 때를 생각해 봅시다. 이 만남은 "라삐, 어디에 묵고 계십니까?"라는 단순한 질문에서 비롯됩니다. "와서 보아라" 하고 예수님께서 말씀하십니다(요한 1,38-39 참조). 아주 짧은 만남이었지만, 한 걸음 한 걸음씩 그들의 삶 전체에 영향을 미칠 변화의 시작이었습니다. 몇 년이 지나도 요한 복음사가는 그를 영원히 변화시킨 그 만남을 계속해서 되새길 것입니다. "때는 오후 네 시쯤이었다"(39절)라며 시간까지 기억할 정도입니다. 그의 삶에서 시간과 영원이 만난 순간이기 때문입니다. 그리고 올바른 결정에는 하느님의 뜻과 우리의 뜻이 만납니다. 바로 현재의 길과 영원한 길이 만나는 것입니다. 식별의 길을 걸은 후에 내린 올바른 결정은 바로 시간과 영원의 만남입니다.

따라서 지식, 경험, 정감, 의지는 식별에 반드시 필요한 요소입니다. 우리는 이 교리 교육 과정에서 다른 중요한 요소들도 살펴볼 것입니다.

　앞서 말했듯이 식별을 하기 위해서는 노고를 마다하지 않아야 합니다. 성경에 따르면 우리가 살아가야 할 삶은 미리 포장된 채로 우리 앞에 놓여 있지 않습니다. 네, 전혀 그렇지 않습니다! 우리는 다가오는 현실에 따라 끊임없이 결정해야 합니다. 하느님은 우리가 평가하고 선택하도록 초대하십니다. 하느님은 우리를 자유로운 존재로 창조하셨고, 우리가 **자유**를 행사하기를 원하십니다. 그러므로 식별하는 것은 **만만찮은** 도전입니다.

　우리는 겉으로는 좋아 보였지만 실제로는 그렇지 않은 것을 종종 선택합니다. 우리에게 정녕 좋은 것이 무엇인지 알면서도 그것을 선택하지 않는 경우도 있습니다. 인간은 동물과 달리 실수할 수 있고, 올바른 선택을 하지 않을 수 있습니다. 성경은 첫 페이지에서부터 이것을 보여 줍니다. 하느님은 인간에게 정확한 지침을 내리십니다. '네가 살고자 하면, 삶을 누리고 싶다면, 너는 피조물이며 선과 악을 가늠하는 기준이 아님을 기억하여라. 네가 선택하는 것이 너에게, 이웃에게, 그리고 세상에 어떤 결과를 미칠 것인지 생각하여라'(창세 2,16-17 참조). 여러분은 지구를 웅장한 정원으로도, 죽음의 사막으로도 만들 수 있습니다. 근본적인 가르침은 하느님과 인간 사이의 이 첫 번째 대화가 우연이 아니라는 것입니다. 곧, 주님께서 사명을 주시니 여러분은 이것저것을 해야 합니다. 인간은 한 걸음 한 걸음 내디딜 때마다 어떤 결정을 내려야 할지 식별해야 합니다. 식별은 우리가 결정을 내리기 전에 해야 하는 생각과 마음의 성찰입니다. 식별은 수고스럽지만 우리 삶에 꼭 필요한 일입니다. 그것은 내가 나를 알고, 지금 여기에서 나에게 무엇이 좋은지 아는 것입니다. 무엇보다 **하느님 아버지와 자녀 간의 충실한 관계**가 요구됩니다. 하느님은 아버지이시며 우리를 혼자 내버려 두지 않으십니다. 항상 기꺼이 조언하시고 우리를 격려하시며 받아 주십니다. 그러나 결코 자신의 뜻을 강요하지는 않으십니다. 왜 그럴까요? 우리가 그분을 두려워하기보다 사랑하기를 원하시기 때문입니다. 또한 하느님은 우리가 노예가 아니라 자녀이기를 원하십니다. 자유로운 자녀 말입니다. 그리고 사랑은 오직 자유 안에서만 살 수 있습니다. 사는 법을 배우려면 사랑하는 법을 배워야 합니다. 그래서 식별이 필요합니다. 선택지를 눈앞에 두고, 지금 나는 무엇을 할 수 있을까요? 그것이 더 크고, 더 성숙한 사랑의 표시가 되게 합시다. 성령께서 우리를 인도해 주시기를 청합시다! 특히 우리가 선택해야 할 때 언제나 그분을 부릅시다.

## 2. 식별의 사례 – 로욜라의 성 이냐시오

일반 알현, 2022년 9월 7일

형제자매 여러분, 안녕하세요!

우리는 계속해서 식별에 대한 성찰을 하고 있습니다. 매주 수요일 이 시간에, 우리는 영적 식별에 대해 이야기할 것입니다. 식별에 대한 주제를 이야기할 때, 구체적인 사례를 참고하는 것이 우리에게 도움이 될 수 있습니다.

가장 잘 알려진 사례 중 하나로 로욜라의 성 이냐시오에게 일어난 결정적인 사건을 들 수 있습니다. 이냐시오 성인은 스페인의 팜플로나에서 벌어진 전투에서 다리에 부상을 입고 고향인 로욜라 성에서 요양 중이었습니다. 지루함을 달래기 위해 그는 읽을거리를 청했습니다. 그는 기사들의 무용담을 좋아했지만, 아쉽게도 집에는 성인전밖에 없었습니다. 마지못해 읽은 그 책에서 그는 마음을 사로잡는 다른 세계를 발견했습니다. 그 세계는 마치 기사들의 세계와 경쟁하는 듯했습니다. 그는 프란치스코 성인과 도미니코 성인의 삶에 매료되었고, 그들을 본받고 싶다는 열망을 느꼈습니다. 하지만 그는 여전히 기사들의 세계에 매력을 느꼈고, 기사들의 무용담과 성인들의 삶에 대한 두 가지 생각이 앞서거니 뒤서거니 하며 이냐시오 성인의 마음을 스쳐갔습니다. 그에게 이 두 가지 삶은 서로 다를 바가 없어 보였습니다.

그러나 이냐시오 성인은 두 가지 생각의 차이점을 인식하기 시작했습니다. 성인은 3인칭 시점으로 쓴 그의 자서전에서 다음과 같이 말합니다.[1] "세상사를 공상할 때에는 당장에는 매우 재미가 있었지만, 얼마 지난 뒤에 곧 싫증을 느껴 생각을 떨치고 나면 무엇인가 만족하지 못하고 황폐해진 기분을 느꼈다. 그러나 예루살렘에 가는 길, 맨발로 걷고 초근목피로 연명해야 하는, 성인전에서 본 고행을 모조리 겪는다고 상상을 하면, 위안을 느낄 뿐만 아니라, 생각을 끝낸 다음에도 흡족하고 행복한 여운을 맛보는 것이었다"(8항). 성인전은 그에게 기쁨의 여운을 남겼습니다.

이냐시오 성인의 이 경험에는 주목할 만한 측면이 두 가지 있습니다. 첫 번째는 **시간**입니다. 즉, 세상에 대한 생각은 처음에는 매력적이지만 시간이 지나면서 그 매력을 잃고 공허함과 불만족을 남깁니다. 반대로 하느님에 대한 생

---

[1] 역자주:《로욜라의 성 이냐시오 자서전》, 예수회 한국 관구 옮김, 이냐시오 영성연구소, 2016에서 인용.

각은 처음에는 '나는 이 지루한 성인들의 이야기를 읽지 않겠어' 같은 일종의 저항감을 일으키지만, 성인들의 삶이 마음에 들어오면 그간 경험하지 못했던 평화를 느끼고 그 평화는 오래 지속됩니다.

두 번째 측면은 **생각의 종착점**이 어디인지입니다. 처음에는 상황이 그렇게 명확하지 않아 보입니다. 식별에는 발전 단계가 있습니다. 가령 우리는 추상적이거나 통상적인 방식이 아니라 우리 삶의 여정을 통해 무엇이 우리에게 좋은지를 이해합니다. 이냐시오 성인은 이 근본적인 경험의 결실인 '식별의 규칙'에서 이 과정을 이해하는 데 도움이 되는 중요한 전제를 제시합니다. "대죄에서 대죄로 나아가는 사람들에게 원수는 노골적인 쾌락을 제시하고 감각적인 쾌락과 즐거움을 상상하도록 하여 악덕과 죄들을 유지하고 더욱 키워 가게 한다. 이런 사람들에게 선한 영은 이성의 분별력으로 양심을 자극하고 가책을 일으키는 등 정반대의 방법을 쓴다"《영신수련》, 314항). 하지만 이것으로 충분하지 않습니다.

---

역자주: 《로욜라의 성 이냐시오 영신수련》, 정제천 옮김, 이냐시오 영성연구소, 2010에서 인용.

식별하는 사람은 식별에 선행되는 역사를 반드시 알아야 합니다. 식별이란 두 가지 가능성을 놓고서 제비를 뽑는 일종의 신탁이나 숙명론 혹은 실험실의 결과물이 아니기 때문입니다. 인생의 어떤 지점을 지나는 여정을 마칠 때면 중요한 질문들이 생기기 마련입니다. 우리가 찾고 있는 것을 이해하기 위해서는 그 여정으로 되돌아가야 합니다. 삶에서 조금 더 나아가면, '그런데 내가 왜 이 방향으로 걷고 있지? 내가 무엇을 찾고 있는 거지?'라는 질문이 나옵니다. 바로 그곳이 식별이 일어나는 지점입니다. 이냐시오 성인은 다리 부상을 치료하는 동안 하느님에 대해 전혀 생각하지 않았고, 자신의 삶을 개선하는 방법에 대해서도 생각하지 않았습니다. 네, 그렇지 않았지요. 그러나 그는 자신의 마음에 귀를 기울이면서 하느님을 처음 체험하게 되었습니다. 이는 그에게 놀라운 반전을 가져다주었습니다. 첫눈에 매력적으로 보인 것들은 그에게 환멸을 가져왔지만, 그다지 눈부시지 않은 다른 것에서 그는 지속되는 평화를 느꼈습니다. 우리 역시 이러한 경험을 합니다. 무엇인가에 대해 생각하기 시작하고 거기에 머물다가, 결국에는 실망하는 경우가 많습니다. 대신에 우리가 자선 활동이나 좋은 일을 하면 행복을 느끼고, 좋은 생각이 떠오르고, 행복과 기쁨이 찾아옵니다. 우리는 모두 이런 경험을 합니다. 이냐시오 성인은 자신의 마음에 귀를 기울임으로써 처음으로 하느님을 체험하게 되었는데, 이는 그의 삶에 흥미로운 반전을 가져왔습니다. 이것이 바로 우리가 배워야 할 점입니다. 우리 자신의 마음에 귀를 기울이는 것입니다. 무슨 일이 일어나고 있고 어떤 선택을 해야 하는지 알기 위해서, 상황을 판단하기 위해서 마음의 소리를 들어야 합니다. 우리는 텔레비전, 라디오, 휴대전화에 귀를 기울입니다. 우리는 듣기의 전문가입니다. 하지만 여러분에게 묻겠습니다. 마음의 소리를 듣는 방법을 아십니까? 멈추어 스스로에게 물어보십시오. '내 마음의 상태는 어떠한가? 만족하는가? 슬픈가? 무엇을 찾고 있는가?' 올바른 결정을 하기 위해서는 자신의 마음에 귀를 잘 기울여야 합니다.

이를 위해 성인은 성인전을 읽을 것을 권고합니다. 왜냐하면 성인들도 살과 피로 이루어진 사람이기에 우리와 크게 다르지 않고, 성인전은 하느님의 방식을 서술적이고 이해하기 쉬운 방법으로 보여 주기 때문입니다. 성인들의 행동은 우리의 행동에 대한 이야기이고, 우리가 그 의미를 이해하도록 도움을 줍니다.

이냐시오 성인이 기사들의 무용담이 담긴 책과 성인

전을 읽었을 때 받았던 두 가지 느낌을 묘사하는 유명한 이야기에서, 우리는 지난 시간에 이미 언급한 식별의 또 다른 중요한 요소를 인식할 수 있습니다. 우리 삶에서 일어나는 사건에는 명백한 **우연성**이 존재합니다. 모든 것은 사소한 사고에서 발생하는 것처럼 보입니다. 이냐시오 성인은 기사들의 무용담에 관한 책을 원했지만, 성인전만 얻을 수 있었습니다. 이 좌절은 하나의 전환점이 됩니다. 얼마 후에야 이냐시오 성인은 이것을 깨닫고 모든 관심을 집중했습니다. 명심합시다. 하느님은 계획되지 않은 우연한 일들을 통해 일하십니다. 나에게 우연히 어떤 일이 일어났고, 우연히 이 사람을 만났고, 우연히 이 영화를 보게 되었습니다. 그 일들은 계획되지 않았지만, 하느님은 계획되지 않은 사건과 심지어 불상사를 통해서도 일하십니다. "산책을 해야 하는데 발에 문제가 생겨서 산책을 할 수 없잖아." 이런 불상사를 통해서 하느님은 여러분에게 무엇을 말씀하고 계십니까? 그 사건이 여러분의 삶에 무엇을 말합니까? 우리는 이러한 예를 마태오복음의 한 구절에서 보았습니다. 한 남자가 밭을 갈다가 우연히 땅에 묻힌 보물을 발견하게 됩니다. 전혀 예상치 못한 상황입니다. 그러나 그가 그것을 인생의 횡재로 여기고 그 일에 최선을 다한다는 점이 중요합니다. 그는 모든 것을 팔아 그 밭을 삽니다(마태 13,44 참조). 여러분에게 한 가지 조언을 드리겠습니다. 예기치 못한 상황을 조심하십시오. 어떤 사람은 "나는 이렇게 될 것을 예상하지 못했습니다" 하고 말합니다. 그 상황에서 여러분에게 말을 거는 이는 누구입니까? 삶입니까? 주님이십니까? 아니면 악마입니까? 식별해야 할 것이 또 있습니다. 예상치 못한 상황이 발생할 때 내가 어떻게 반응하는지입니다. 여러분이 집에서 조용히 쉬고 있는데 "똑똑" 하는 소리와 함께 시어머니가 오십니다. 그때 시어머니에게 어떻게 반응하겠습니까? 그 반응은 사랑입니까, 아니면 내 안에 있는 다른 어떤 것입니까? 식별해 보십시오. 여러분이 사무실에서 열심히 일하고 있는데 동료가 와서 돈이 필요하다고 말합니다. 여러분은 어떻게 반응하겠습니까? 우리가 예상하지 못한 일을 경험할 때 마음 안에서 어떤 일이 일어나는지 보십시오. 바로 거기에서 우리 마음이 어떻게 움직이는지 깨닫는 법을 배우게 됩니다.

 식별은 이냐시오 성인이 다리 부상을 당했던 것처럼 예기치 못한, 심지어 유쾌하지 못한 상황에서도 주님께서 당신을 알려 주시는 전조를 알아차리는 데 도움이 됩니다. 이냐시오 성인의 경우처럼 인생을 영원히 변화시키는 만남이 일어날 수 있습니다. 그 길에서 여러분의 상황이 더 좋게 될지 아니면 나쁘게 될지 알 수 없지만, 가장 아름답고 숨겨진 표지는 예기치 못한 일, 뜻밖의 일을 통해 터져 나오니 주의를 기울입시다. "그럴 때는 어떻게 반응해야 합니까?" 주님께서 우리가 우리 마음의 소리를 들을 수 있게 도와주시기를 청합니다. 또한 지금 활동하시는 분이 그분이신지, 그분이 아니라면 다른 무엇이 활동하고 있는지 알아차릴 수 있게 도와주시기를 청합니다.

## 3. 식별의 요소 – 주님과의 친밀함

일반 알현, 2022년 9월 28일

형제자매 여러분, 안녕하세요!

**식별**이라는 주제로 교리 교육을 이어 갑시다. 우리 안에서 무슨 일이 일어나고 있는지 알기 위해서는 식별이 중요합니다. 우리의 느낌과 생각이 어디에서 왔는지, 그것들이 나를 어디로 이끌고 있으며, 우리는 어떤 결정을 내려야 하는지 식별해야 합니다. 오늘은 식별의 첫 번째 기본 요소인 **기도**에 초점을 맞추어 봅시다. 식별하기 위해서 우리는 기도할 수 있는 환경, 즉 기도하는 상태에 있어야 합니다.

기도는 영적 식별을 위해 절대적으로 필요한 도움을 줍니다. 특히 우리가 감정적인 차원과 관련되어 있을 때, 기도는 친구에게 말하듯이 단순하고 친숙하게 하느님께 말씀드릴 수 있게 해 줍니다. 기도는 생각을 뛰어넘어 애정 어린 자발성으로 주님과의 친밀한 관계로 들어가는 방법을 익히는 것입니다. 성인들이 보여 준 삶의 비결은 하느님과의 친밀한 관계와 신뢰인데, 이것들은 성인들 안에서 자라며 하느님께 기쁨을 드리는 것이 무엇인지 더욱 쉽게 인식하게 합니다. 참된 기도는 하느님과의 친밀함과 신뢰입니다. 이는 앵무새처럼 기도를 암송하는 것도 아니고, 마음대로 주저리주저리 내뱉는 것도 아닙니다. 네, 그렇지 않지요. 참된 기도는 주님을 향한 자발성과 사랑입니다. 이 친밀함은 그분의 뜻이 우리에게 유익한 것이 아니라는 두려움이나 의심을, 때로는 우리의 생각을 지배하여 마음을 불안하고 불확실하게 만들거나 심지어 고통스럽게 하는 유혹을 극복하게 합니다.

식별은 절대적인 확실성을 요구하지 않습니다. 화학식처럼 명료하게 떨어지는 것이 아닙니다. 삶이 항상 논리적이지 않고, 한 가지 범주의 생각으로 묶을 수 없는 여러 측면을 지니고 있기 때문에 식별은 절대적인 확실성을 요구하지 않는 것입니다. 우리는 무엇을 해야 할지 정확히 알기를 원하지만, 막상 그런 일이 일어나면 늘 그에 상응하는 행동을 하지는 않습니다. 바오로 사도가 묘사한 경험을 우리도 많이 겪습니다. "선을 바라면서도 하지 못하고, 악을 바라지 않으면서도 그것을 하고 맙니다"(로마 7,19). 우리는 단순히 이성적으로만 행동하지 않으며 기계도 아닙니다. 선을 행하기 위해서는 지침을 따르는 것만으로 충분하지 않습니다. 주님을 위한 결정을 하는 데 도움을 받는 것과 마찬가지로, 결정을 방해하는 장애물도 주로 정감적이고 마음으로부터 옵니다.

마르코복음에서 예수님께서 행하신 첫 번째 기적이 더러운 영을 쫓아냈던 사건이라는 것은 의미심장합니다(마르 1,21-28 참조). 카파르나움 회당에서 예수님은 더러운 영에 들린 사람을 악마로부터 구해 주십니다. 악마가 처음부터 제시했던 잘못된 하느님의 이미지, 곧 '우리의 행복을 원하지 않는 하느님'이라는 잘못된 이미지에서 그 사람을 해방하셨습니다. 그 복음 말씀에 나오는 더러운 영이 들린 사람은 예수님이 하느님이심을 알고 있지만, 그렇다고 해서 예수님을 믿지는 않았습니다. 오히려 그는 "저희를 멸망시키러 오셨습니까?"(24절) 하고 말합니다.

많은 사람이, 심지어 그리스도인들도 똑같은 생각을 합니다. 예수님이 하느님의 아들이심을 믿지만, 그분이 우리의 행복을 원하신다는 점은 의심합니다. 실제로 어떤 사람들은 예수님이 우리에게 하시는 제안을 진지하게 받아들이면 삶이 피폐해지고 우리의 갈망과 큰 꿈들을 억눌러야 할지도 모른다고 두려워합니다. 때때로 이런 생각들이 우리 마음 안에 슬며시 들어옵니다. '하느님이 너무 많은 것을 요구하시는 것은 아닌가? 너무 많이 요구하시니 두렵지 않은가? 하느님은 우리를 진짜 사랑하시는가?' 지난 첫 번째 교리 교육에서 우리는 **기쁨**이 주님과의 만남의 표징임을 보았습니다. 기도 안에서 주님을 만나면 저는 기쁨을 느낍니다. 우리가 기쁨을 만끽하는 것은 아름다운 일입니다. 반면에 **슬픔**이나 **두려움**은 하느님과 멀어졌다는 표시입니다. 예수님께서는 "네가 생명에 들어가려면 계명들을 지켜라"(마태 19,17) 하고 부자 청년에게 말씀하십니다. 안타깝게도 그 청년에게는 몇 가지 장애물이 있어서 "선하신 선생님"을 더 가까이 따르고자 하는 마음속의 소망을 실현하지 못했습니다. 그는 호기심 가득한 청년이었으며 주도적으로 예수님을 만났지만, 감정의 혼란을 겪고 있었습니다. 그에게는 재물이 너무 중요했습니다. 예수님은 그에게 결심을 강요하지 않으시지만, 본문은 그 청년이 "슬퍼하며"(22절) 예수님에게서 떠나갔다고 기록합니다. 주님을 외면하는 사람들은 많은 재산과 가능성이 있음에도 결코 행복하지 않습니다. 예수님은 당신을 따르라고 절대로 강요하지 않으십니다. 예수님은 마음을 다해 여러분에게 그분의 뜻을 알려 주시지만, 여러분을 자유롭게 내버려 두십니다. 이것이 예수님과 함께하는 기도의 가장 아름다운 점입니다. 즉, 예수님께서 우리에게 허락하신 자유입니다. 반면에 우리가 주님과 거리를 둘 때 우리 마음에는 슬프고 추한 것이 남게 됩니다.

우리는 겉모습에 쉽게 속기 때문에 우리 안에서 무엇이 일어나고 있는지 식별하기가 쉽지 않습니다. 뉴먼 추기경[1]은 **하느님과 친숙해지면 의심과 두려움을 부드럽게 녹일 수 있고, 우리의 삶은 점점 더 그분의 온화한 빛을 받아들이게 된다**고 아름답게 표현했습니다. 그 빛을 받아 빛나는 성인들은 그들이 살았던 시대에 불가능을 가능하게 하시는 하느님 사랑의 현존을 소박한 몸짓을 통해 보여 주었습니다. 오랫동안 사랑하며 함께 살아온 부부는 서로 닮는다고 합니다. 우리의 감정과 상상력을 이용하는 정감적 기도preghiera affettiva에서도 마찬가지입니다. 이 기도는 천천히 나아가지만 효과적인 방법으로 우리 실존의 깊은 내면에서 솟아나는 자연스러운 것을 서서히 인식하게 해 줍니다. 기도 안에 머물러 있다는 것은 말을 많이 하는 것이 아닙니다. 네, 전혀 아니지요. 기도 안에 머무르는 것은 내 마음을 예수님께 여는 것, 예수님께 가까이 다가가는 것, 예수님이 내 마음에 들어오시도록 허락하는 것, 그리고 그분의 현존을 느끼는

---

[1] 역자주: 존 헨리 뉴먼John Henry Newman. 1801년 영국 성공회 가정에서 태어났다. 19세기 초 성공회의 개신교적 경향에 반대하여 성공회 내에 '가톨릭', 즉 로마 가톨릭의 사상과 실천의 도입을 추구한 옥스포드 운동을 이끌었으며, 1845년에 가톨릭으로 개종했다. 2019년 프란치스코 교황에 의해 시성되었다.

것입니다. 기도 안에서 우리는 예수님이 계시는 때와, 우리의 생각이 자주 예수님이 원하신 것에서 멀리 떨어져 있는 때를 식별할 수 있습니다.

친구가 친구에게 말하듯이 주님과 친밀한 관계를 맺으며 사는 은총을 청합시다.[2] 저는 신학교 문지기였던 나이가 지긋한 수사님 한 분을 알고 있습니다. 그분은 시간이 날 때마다 경당에 가서 제단을 바라보며 예수님께 "안녕하세요Ciao"라고 인사했습니다. 그분이 예수님과 가까웠기 때문입니다. 그분에게는 "안녕하세요, 저는 당신과 가까이 있고 당신도 저에게 가까이 계십니다"와 같은 말이 필요 없었습니다. 이것이 바로 우리가 기도 안에서 가져야 할 관계입니다. 예수님을 친구처럼 여기는, 곧 정감적인 친밀함을 갖는 것이며 형제자매처럼 예수님과 친근하게 지내는 것입니다. 이는 미소를 머금은 단순한 몸짓이지만, 마음에 닿지 않는 공허한 말은 할 필요가 없다는 것입니다. 친구끼리 말하듯이 예수님께 말하십시오. 그것은 우리가 서로에게 청해야 하는 은총입니다. 예수님을 우리의 친구로, 우리의 가장 위대한 친구이자 우리에게 강요하지 않는 신실한 친구로, 무

---

[2] 《로욜라의 성 이냐시오 영신수련》, 54항 참조.

엇보다도 우리가 그분을 외면할 때도 결코 우리를 버리지 않는 친구로 삼는 것입니다. 주님은 우리 마음의 문 앞에 서 계십니다. 우리는 "아니요, 당신에 대해 아무것도 알고 싶지 않습니다"라고 말합니다. 그러나 그분은 항상 충실하신 분이시기에, 침묵 속에서 우리의 마음이 닿는 곳에 머무십니다. 이런 기도를 하며 앞으로 나아갑시다. '안녕하세요Ciao'의 기도, 마음으로 주님께 인사하는 기도, 애정 어린 기도, 친밀한 기도입니다. 이것은 단지 몇 마디의 말이지만, 선한 행동과 몸짓과 더불어 바치는 기도입니다.

# 4. 식별의 요소 – 자기 인식

일반 알현, 2022년 10월 5일

형제자매 여러분, 안녕하세요!

식별이라는 주제로 계속 이야기해 봅시다. 지난 시간에 우리는 하느님과 더 친밀해지는 기도, 그분을 더 신뢰하게 되는 기도가 식별에 반드시 필요하다는 것을 알았습니다. 기도는 앵무새처럼 재잘대는 것이 아니라 하느님께 친밀함과 신뢰를 드리는 것을 의미합니다. 이는 아버지께 드리는 자녀들의 기도이며 열린 마음으로 드리는 기도입니다. 이 부분에 대해서 우리는 지난번 교리 교육에서 살펴보았습니다. 오늘은 좋은 식별을 보완하는 방식으로써 **자기 인식의 필요성을** 강조하고자 합니다. 자신을 아는 것은 쉽지 않습니다. 참으로 식별은 기억, 지성, 의지, 사랑과 같은 인간의 능력과 관련이 있습니다. 종종 우리는 우리 자신을 충분히 알지 못하기 때문에 식별하는 방법을 모릅니다. 그러기에 우리는 진정으로 원하는 것이 무엇인지 모릅니다. 여러분은 자주 이런 말을 들었을 것입니다. "저 사람의 인생은 왜 저렇게 무질서하지? 그는 자신이 무엇을 원하는지 전혀 알지 못해…" 그렇게 극단적인 상황까지 이르지 않더라도 우리는 자기가 원하는 것이 무엇인지 명확하게 알지 못하고, 우리 자신도 잘 모르는 일이 생깁니다.

영적 의구심과 성소 위기의 근본적 원인은 수도 생활과 우리의 **인간적·인지적·정감적 차원** 사이에 대화가 충분하지 않기 때문입니다. 한 영성 작가는 인식하고 연구할 필요가 있는 다른 종류의 문제를 언급하면서 식별의 어려움에 주목했습니다. 그는 다음과 같이 말합니다. "하지만 나는 진정한 식별(및 기도 안에서의 거짓 없는 성장)의 가장 큰 장애물은 만져지지 않는 하느님의 본성이 아니라 자각(自覺)의 결여, 즉 자신을 있는 그대로 진실되이 **알려고 하지 않는** 그 '비자발성'이라 확신하고 있다. 우리 대다수가 가면을 쓰고 있는데, 이 점은 비단 다른 사람들을 대면할 때만이 아니라 거울을 들여다볼 때도 마찬가지이다."[1] 우리 모두는 자신 앞에서도 가면을 쓰고 싶은 유혹을 겪습니다.

삶에서 하느님의 현존을 잊는 것은 우리 자신에 대한 무지, 즉 하느님과 자기 자신을 모른다는 것, 그리고 우리 성격의 특성과 우리의 가장 깊은 갈망에 대한 무지와 밀접한 관련이 있습니다.

---

[1] 토마스 그린, 《밀밭의 가라지》, 성찬성 옮김, 바오로딸, 1994, 19쪽.

자신을 아는 것은 어렵지는 않지만 노고가 필요합니다. 즉, **자기의 내면을 파헤치는 인내심**이 필요합니다. 우리의 행동 방식과 우리 안에 깃든 감정, 그리고 종종 무의식적으로 반복하며 영향을 미치는 생각이 무엇인지 알기 위해서는 잠시 멈추고 '자동 조종 장치를 끌' 수 있어야 합니다. 또한 우리의 감정과 영적 능력을 구별할 수 있어야 합니다. '나는 느낀다sento'는 '나는 확신한다sono convinto'와 같지 않습니다. '나는 ○○하고 싶은 마음이 든다mi sento di'는 '나는 ○○을 원한다voglio'와 다릅니다. 따라서 우리 자신과 현실에 대한 이해가 때때로 다소 왜곡되어 있음을 인식하게 됩니다. 이를 깨닫는 것은 은총입니다! 사실 과거의 경험에서 기인한 현실에 대한 그릇된 확신은 우리에게 강한 영향을 미치고, 우리 삶에 정말 중요한 것을 위해 노력할 자유를 제한합니다. 이런 일은 매우 자주 일어납니다.

정보화 시대에 살고 있는 우리는 **비밀번호**를 아는 것이 얼마나 중요한지 알고 있습니다. 비밀번호는 가장 개인적이고 중요한 정보가 저장되어 있는 프로그램에 들어가기 위해 꼭 필요하기 때문입니다. 그런데 영적 삶에도 **비밀번호**가 있습니다. 우리에게 가장 민감한 것을 언급하며 마음을 건드리는 단어들이 있습니다. 유혹자, 즉 마귀는 이러한 핵심 단어를 잘 알고 있습니다. 우리도 이 핵심 단어를 알아야 합니다. 우리가 원하지 않는 곳에 있지 않기 위해서입니다. 유혹은 반드시 나쁜 일을 제안하는 것만은 아닙니다. 그것은 종종 무질서한 것에 지나치게 중요한 의미를 부여하며 다가옵니다. 이런 방식으로 유혹은 우리에게 최면을 겁니다. 아름답지만 거짓된 것들은, 그것이 약속한 것을 주지 못하고 결국 공허함과 슬픔을 남깁니다. 공허함과 슬픔은 우리가 잘못된 길, 우리의 방향감각을 잃게 하는 길을 선택했다는 신호입니다. 예를 들어 학위, 경력, 인맥은 그 자체로는 높이 평가할 만합니다. 하지만 우리가 자유롭지 않다면, 그것들에서 우리의 가치를 확인받으려는 비현실적인 기대를 품을 위험이 있습니다. 예를 들어 여러분이 하고 있는 연구는 여러분을 알리기 위해서입니까, 여러분 개인의 이익을 위해서입니까? 아니면 지역 공동체에 봉사하기 위해서입니까? 여기서 우리 각자의 의도를 볼 수 있습니다. 종종 이러한 오해에서 큰 고통이 시작됩니다. 그 어떤 것도 우리의 존엄성을 보장할 수 없기 때문입니다.

그러므로 형제자매 여러분, 자기 자신을 알아야 합니다. 그리고 우리의 마음을 민감하게 건드리는 마음의 **비밀번호**를 알아야 합니다. 그래야 우리를 조종하려고 달콤한

말로 자신을 내세우는 자들에게서 우리 자신을 보호할 수 있고, 일시적인 유행이나 화려하고 피상적인 구호를 구별해 내어 우리에게 진정으로 중요한 것이 무엇인지 인식할 수 있습니다. 많은 경우 텔레비전 프로그램이나 광고에서 말하는 내용은 우리의 마음을 움직여 자유를 빼앗고 그 길로 가게 합니다. 다음을 유념해야 합니다. 나는 자유롭습니까? 아니면 순간의 감정이나 충동에 휘둘리도록 나 자신을 내버려 두고 있습니까?

이런 경우에 **양심성찰**esame di coscienza이 도움이 됩니다. 우리가 고해성사 전에 준비하는 양심성찰을 말하는 것이 아닙니다. "이런저런 죄를 지었습니다"라고 말하는 고해성사가 아닙니다. 여기서 말하는 양심성찰은 매일 일상 전체를 살펴보는 행동입니다. "오늘 내 마음에서 무엇이 일어났을까? 많은 일이 일어났구나. 그것이 무엇일까? 왜 그랬

---

[1] 역자주: 프란치스코 교황이 설명하는 '양심성찰'은 1970년대 전후에 '의식성찰'이라는 용어로 사용되기 시작했다. 의식성찰은 영어로 'Consciousness Examen, Examen of Consciousness' 또는 'Awareness Examen'이라고 한다. 전통적인 양심성찰이 십계명과 같은 도덕적 기준으로 삶을 성찰하는 것에 초점을 둔다면, 의식성찰은 매일 하느님의 부르심과 현존에 대한 나의 경험과 응답에 초점을 두고 개인의 삶 안에서 영의 식별discernment of spirits을 실천하는 것을 강조한다. 스페인어 'conciencia'는 영어의 '양심conscience'에 해당하며, '의식consciousness, awareness'이라는 뜻도 있다.

지? 그 일들은 내 마음에 어떤 흔적을 남겼지?" 양심성찰은 이렇게 하루 동안 일어난 일을 차분하게 다시 살펴보는 것입니다. 우리가 가장 중요하게 생각하는 판단과 선택이 무엇인지 배우고, 무엇을 찾고 있는지, 왜 그런지, 결국 무엇을 발견했는지를 인지하는 좋은 습관입니다. 특히 무엇이 내 마음을 만족시키는지 인식하는 법을 배우게 됩니다. 왜냐하면 주님만이 우리의 가치를 확증해 주실 수 있기 때문입니다. 그분은 매일 십자가 위에서 말씀하십니다. 그분은 우리가 그분 눈에 얼마나 소중한 존재인지 보여 주시려고 우리를 위해 죽으셨습니다. 그분의 부드러운 포옹을 막을 수 있는 장애물이나 실패는 없습니다. 양심성찰은 우리 마음이 우리도 모르게 온갖 것이 지나다니는 길이 아님을 알려 주기에 매우 유익합니다. 네, 그렇습니다. 우리 마음은 그런 길이 아닙니다. 보십시오. 오늘 무슨 일이 있었는가? 무슨 일이 일어났는가? 무엇이 나를 그렇게 반응하게 했는가? 무엇 때문에 나는 슬퍼했는가? 무엇이 나를 기쁘게 했는가? 무엇이 나빴으며 다른 사람에게 피해를 주었는가? 이처럼 하루 동안 우리의 감정이 걸어간 길과 우리 마음이 무엇에 매력을 느꼈는지를 보는 것입니다. 잊지 마세요! 지난 시간에 우리는 기도에 대해 이야기했고, 오늘은 자기 인식에 대해 이야기했습니다.

기도와 자기 인식으로 우리는 더욱 자유로워집니다. 자유 안에서 성장하는 것입니다! 이것들은 그리스도인 실존의 기본 요소이며, 삶에서 자기 자리를 찾기 위한 소중한 요소입니다.

# 5. 식별의 요소 – 갈망

일반 알현, 2022년 10월 12일

형제자매 여러분, 안녕하세요!

요즘 우리는 식별의 요소를 살펴보고 있습니다. 앞서 우리는 기도와 자기 인식에 대해서 살펴보았습니다. 오늘 저는 식별에 필수 불가결한 또 다른 요소인 **갈망**에 대해 이야기하려고 합니다. 사실 식별은 탐색의 한 형태입니다. 그리고 탐색은 항상 우리에게 부족하지만 어떻게든 우리가 알고 있고 직관으로 느끼는 것에서 시작됩니다.

이것은 어떤 종류의 지식을 말하는 걸까요? 영적 스승들은 이를 '갈망'이라고 표현하는데, 이는 근본적으로 결코 완전한 성취에 도달할 수 없는 충만에 대한 향수이며 하느님이 우리 안에 계신다는 신호입니다. 갈망은 순간적인 욕구에 대한 열망이 아닙니다. 이탈리아어로 갈망을 뜻하는 '데지데리오desiderio'는 매우 아름다운 라틴어 단어에서 유래했는데, 이것이 꽤 흥미롭습니다. **de-sidus**는 문자 그대로 '별이 없다'라는 의미입니다. 즉, 갈망은 따라가야 할 별이 없는 상태로, 삶의 길을 안내하는 기준점이 없음을 말해 줍니다. 그 상태는 고통과 결핍이며, 동시에 현재 우리에게는 없는 선善에 도달하기 위한 긴장을 불러일으킵니다. 그러므로 갈망은 내가 어디에 있고 어디로 가는지를 가리키는 나침반입니다. 내가 가만히 서 있는지 움직이는지 알려 주는 나침반입니다. 아무것도 갈망하지 않는 사람은 움직이지 않는 사람, 아마도 병들어 거의 죽게 된 사람입니다. 갈망은 내가 움직이고 있는지, 가만히 서 있는지를 알려 주는 나침반입니다. 그렇다면 우리는 그것을 어떻게 알 수 있을까요?

진심 어린 갈망을 생각해 봅시다. 이 갈망은 우리 존재의 심연을 건드리는 방법을 알고 있기 때문에, 어려움이나 방해에도 사라지지 않습니다. 이는 우리가 목마름을 느낄 때와 같습니다. 우리는 마실 것을 찾지 못해도 결코 포기하지 않습니다. 오히려 갈증은 점점 더 우리의 생각과 행동을 잠식하여, 결국 그것을 해소하기 위해 어떤 희생도 기꺼이 감수할 의향을 갖게 합니다. 집착에 빠지게 되는 것이지요. 장애물이나 실패도 갈망을 억누르지 못하고 오히려 우리 안에 있는 갈망을 더욱 생생히 살아 있게 합니다.

일시적인 감정이나 욕망/염원과는 달리 갈망은 오랜 시간 지속되며 구체화되는 경향을 띱니다. 예를 들어 의사가 되고 싶은 어떤 젊은이를 상상해 봅시다. 그는 공부와 일을 하기 위해 인생에서 몇 년을 할애해야 할 것입니다. 따라서 의학과 관련이 없는 수업 과정이라든지, 특히 가장 열중하여 공부를 해야 할 때에는 취미생활이나 집중에 방해되는 일들에 '아니오'라고 말하며 어떤 **한계**를 세워야 할 것입니다. 하지만 자기 삶에 방향을 제시하고 그 목표에 도달하려는 갈망(의사가 되기)은 이러한 어려움을 극복할 수 있게 합니다. 갈망은 여러분을 강하게 만들고, 용기를 주며, 계속 앞으로 나아가게 합니다. 왜냐하면 여러분은 이렇게 말하고 싶기 때문입니다. "나는 그것을 간절히 원합니다!"

실제로 어떤 가치가 **매력적**일 때 그 가치는 아름답게 되고 더 쉽게 성취될 수 있습니다. 누군가 말했듯이 중요한 것은 좋은 사람이 되는 것보다 좋은 사람으로 변화하려는 의지입니다. 좋은 사람은 매력적입니다. 우리는 모두 좋은 사람이기를 원합니다. 그런데 여러분에게는 좋은 사람이 되고자 하는 의지가 있습니까?

예수님께서 기적을 행하시기 전에 종종 그 당사자에게 갈망이 무엇인지 물어보시는 모습은 아주 인상적입니다. "건강해지고 싶으냐?" 이런 질문이 때로는 맥락을 벗어나 보이지만, 상대가 아프다는 것은 분명합니다! 예를 들어 벳자타 못에서 여러 해 동안 누워 있었지만 물속에 들어갈 적절한 순간을 잡지 못한 중풍 병자를 만나셨을 때, 예수님께서는 그에게 "건강해지고 싶으냐?"라고 물으십니다(요한 5,6). 왜 그렇게 물으실까요? 실제로 중풍 병자의 대답은 치유에 대한 일련의 이상한 저항을 드러내는데, 이는 그에게만 해당하는 일은 아닙니다. 예수님의 질문은 비약적인 도약을 맞기 위해 그의 마음을 명료하게 하라는 초대였습니다. 곧, 더 이상 자신과 자신의 삶을 다른 사람들이 못 속으로 옮겨 주어야 하는 '중풍 병자'로 생각하지 말라는 것이었습니다. 그러나 들것에 누워 있는 이 남자는 그렇게까지 확신하지 못한 듯합니다. **주님과 대화하면서 우리는 삶에서 진정으로 원하는 것이 무엇인지 아는 법을 배웁니다.** 이 중풍 병자는 "네, 그럼요, 원합니다. 원하고 말고요"라고 말하고 나서는 실제로는 아무것도 원하지도 않고 어떤 것도 하지 않는 사람들의 전형적인 예입니다. 뭔가를 하겠다는 의지는 환상일 뿐, 그것을 하기 위해 한 발짝도 내딛지 않습니다. 그들은 원하기도 하지만 또 원하지 않기도 합니다. 이런 태도는 바람직하지 않습니다. 그 병자는 38년 동안 거기에서 늘 불평을 해 왔습니다. "아닙니다. 주님, 당신은 아시지 않습니까? 물이 출렁거리는 기적의 순간에 저보다 더 건강한 사람들이 먼저 물에 들어갔고 저는 항상 늦었습니다." 그는 계속해서 불평을 늘어 놓습니다. 불평은 앞으로 나아가려는 갈망이 자라는 것을 방해하는 독이니 주의하십시오. 영혼의 독이요, 생명의 독입니다. 불평을 조심하십시오. 가정에서 부부가 서로에게, 자녀가 아버지에게, 사제가 주교에게, 주교는 다른 많은 것에 대해 불평을 합니다. 혹시 여러분이 여전히 투덜거린다면 조심하십시오. 갈망이 성장하지 못하도록 막는 불평은 죄입니다.

종종 성공적이고 일관되며 오래 지속되는 프로젝트와, "지옥으로 향하는 길은 선의로 포장되어 있다"라는 속담과 더불어 주어지는 얼토당토않은 희망이나 그럴싸한 제안 사이에 차이를 만드는 것은 갈망입니다. 예를 들어, 그들은 "그래, 하고 싶지. 하고 싶다고…"라고 말은 하지만 아무것도 하지 않습니다. 우리가 살고 있는 시대는 선택의 자유를 부추기는 것처럼 보이지만 동시에 우리의 **갈망을 점점 위축**시킵니다. 여러분은 끊임없이 만족하고 싶을 것입니다. 그러나 결국 대부분은 순간의 갈망으로 전락하고 맙니다. 갈망이 움츠러들지 않도록 주의해야 합니다. 우리는 수많은 제안, 프로젝트, 가능성에 둘러싸여 있습니다. 이는 우리의 주의를 산만하게 하고 우리가 진정으로 원하는 바를 차분히 돌아보지 못하게 합니다. 우리는 많은 이들이 휴대전화를 들고 정보를 찾고 있는 모습을 볼 수 있습니다. 예를 들어 젊은 사람들을 생각해 봅시다. "여러분은 생각하기 위해 전화기를 잠시 내려놓을 수 있나요?" "그렇게는 못해요." 우리는 항상 내면을 향하기보다는 다른 방향이나 외부에 관심을 둡니다. 이런 상황에서는 갈망이 성장할 수 없습니다. 여러분이 순간의 욕망에 살고 거기에 만족한다면 여러분 안에 있는 갈망은 결코 성장하지 못합니다.

많은 사람은 자신의 삶에서 원하는 것이 뭔지 모르기 때문에 고통을 겪습니다. 아마도 그들은 자신의 가장 깊은 갈망과 접촉한 적도 없고 그것을 알지도 못하는 것 같습니다. "여러분은 당신의 삶에서 무엇을 원합니까?" "모르겠습니다." 이렇게 될 때, 온갖 시도와 방편 사이에서 어느 곳에도 도달하지 못하고 귀한 기회를 낭비하며 부초 같은 인생을 살 위험이 있습니다. 그래서 어떤 변화들은 이론적으로는 원하더라도 막상 기회가 주어지면 결코 이루어지지 않습니다. 무언가를 해내고자 하는 강한 의지가 부족하기 때문입니다.

예를 들어, 주님께서 예리코에서 티매오의 아들 바르티매오라는 눈먼 거지에게 "내가 너에게 무엇을 해 주기를 바라느냐?"(마르 10,51) 하고 물으신 것처럼, 주님이 우리 각자에게 이 질문을 하셨다고 생각해 봅시다. "내가 너에게 무엇을 해 주기를 바라느냐?" 여러분은 어떻게 대답하겠습니까? 아마도 하느님께서 친히 우리 마음에 심어 주신 그분의 가장 깊은 갈망을 알 수 있도록 도와달라고 청할 수 있을 것입니다. "주님, 저의 갈망을 알게 해 주십시오. 저는 갈망하는 사람이고 싶습니다." 아마 주님께서는 여러분에게 그 갈망을 실현할 수 있는 힘을 주실 것입니다. 다른 모든 것의 기초가 되는 엄청난 은총은 바로 이것입니다. 복음에서 볼 수 있는 것처럼 주님께서 우리를 위해 기적을 행하시도록 허락하는 것 말입니다. "주님, 저희에게 갈망을 주시고, 그 갈망이 자라게 하소서."

그분도 우리를 향한 큰 갈망을 갖고 계십니다. 그것은 바로 우리가 그분의 충만한 생명에 참여하는 것입니다.

# 6. 식별의 요소 – 자신의 삶이라는 책

일반 알현, 2022년 10월 19일

형제자매 여러분, 환영합니다. 안녕하세요!

이번 주 교리 교육에서는 좋은 식별을 위한 전제 조건에 초점을 맞추겠습니다. 살아가면서 우리는 항상 결정을 내려야 하고, 그 결정을 내리기 위해 식별의 길을 나서야 합니다. 모든 중요한 활동에는 따라야 할 '지침'이 있으며, 필요한 효과를 내기 위해서는 이 지침을 알고 있어야 합니다. 오늘 우리는 식별에 없어서는 안 될 또 다른 요소인 **자기 삶의 역사**를 살펴볼 것입니다. 자기 삶의 역사를 아는 것은 식별에 필수적인 요소, 말하자면 식별을 위한 양념입니다.

삶은 우리에게 주어진 가장 소중한 '책'입니다. 불행하게도 많은 사람은 이를 읽지 않거나 죽음을 앞두고 너무 늦게야 읽습니다. 다른 길에서 헛되이 찾았던 것을 이 책에서 발견하기도 합니다. 위대한 진리의 구도자였던 아우구스티누스 성인은 자신의 삶을 다시 읽으며 그 안에서 조용하고 신중하면서도 예리한 주님 현존의 발걸음에 주목했고 마침내 이를 정확히 이해했습니다. 삶의 끝자락에서 그는 경탄하며 다음과 같이 말했습니다. "내 안에 님이 계시거늘 나는 밖에서, 나 밖에서 님을 찾아 당신의 아리따운 피조물 속으로 더러운 몸을 쑤셔 넣었사오니! 님은 나와 같이 계시건만 나는 님과 같이 아니 있었나이다." 이는 추구하는 것을 발견하기 위해 내면의 삶을 일구라는 성인의 초대입니다. "밖으로 나가지 말라. 그대 자신 속으로 돌아가라. 인간 내면에 진리께서 거하신다." 이는 저를 포함하여 여러분 모두에게 보내는 초대입니다. "여러분의 내면으로 다시 들어가십시오. 여러분의 삶을 읽으십시오. 여러분의 여정이 어떠했는지 자신의 내면을 읽으십시오. 평온하게 여러분의 내면으로 다시 들어가십시오."

우리도 종종 아우구스티누스 성인과 같은 경험을 합니다. 우리 자신에게서 멀어지게 하는 생각과 스스로에게 해를 끼치는 고정관념의 메시지에 자신이 갇혀 있음을 발견하는 것입니다. 예를 들어 '나는 쓸모가 없어', '모든 것이 잘못되고 있어', '나는 어떠한 좋은 것도 결코 성취하지 못할 거야.' 이러한 비관적인 문구들은 여러분을 낙담하고 우울하게 합니다! 자신의 역사를 읽는다는 것은 이렇듯 '유해

---

1 아우구스티누스, 《고백록》, 최민순 옮김, 바오로딸, 2010(3판), 10권 27항.
2 아우구스티누스, 《참된 종교》, 성염 옮김, 분도출판사, 1989, 39권 72항.

한' 요소의 존재를 인식하는 것을 의미합니다. 그러나 더 나아가 다른 것들을 알아차리는 법을 배우고, 삶의 역사를 더 풍부하게 만들며, 인생의 복잡성을 더 존중하고, 하느님이 역사 안에서 사려 깊게 활동하시는 방식을 파악하는 것을 의미하기도 합니다. 제가 알던 한 사람이 있습니다. 매사에 얼마나 부정적인지 그런 면에서는 그가 노벨상을 받을 자격이 있다고 사람들이 말할 정도였습니다. 그 사람은 모든 것을 부정적으로 보았고 항상 자신을 폄하하려 했습니다. 그는 성격이 모났지만 사실은 많은 자질을 갖고 있었습니다. 그랬던 그가 자신을 도와줄 사람을 찾았습니다. 그가 뭔가 불평할 때마다 그를 도와주는 사람이 "이제는 자신에게 보상한다는 마음으로 당신의 좋은 자질에 대해 말씀해 보세요"라고 제안했습니다. 그는 "음, 그래요. 저도 이런 자질이 있네요"라고 대답할 수 있었습니다. 그 조력자는 조금씩 그가 앞으로 나아가고, 그의 삶에서 좋은 점과 나쁜 점 모두를 잘 읽어 낼 수 있도록 도왔습니다. 우리도 각자의 삶을 읽어야만 좋지 않은 것과 하느님이 우리 안에 심어 놓으신 좋은 것을 보게 됩니다.

    우리는 식별에 **이야기를 풀어내는 서술식** 접근 방식이 있음을 보았습니다. 식별은 특정 행동에 의존하는 것이 아닙니다. 맥락에 접목해 보는 것입니다. 이 생각은 어디에서 오는가? 지금 내가 느끼는 감정은 어디에서 오는가? 그 생각은 나를 어디로 인도하는가? 그 생각을 언제 또 한 적이 있는가? 그것은 새로운 생각인가 아니면 다른 때에도 생각했던 것인가? 왜 그 생각은 다른 생각보다 더 집요하게 나를 잡고 있는가? 이것을 통해 인생은 나에게 무엇을 말하려고 하는가?

우리 삶의 사건을 자세히 이야기함으로써, 우리는 지금까지 감춰져 있었지만 아주 귀한 도움이 될 수 있는 중요한 뉘앙스와 세부 사항을 파악할 수 있게 됩니다. 예를 들어, 처음에는 그다지 중요하지 않게 여겨졌던 독서, 봉사, 만남은 시간이 지나면서 내면의 평화를 나누고, 삶의 기쁨을 전하며, 선에 대한 새로운 계획으로 우리를 이끕니다. 이때 멈춰서 이를 인식하는 것이 반드시 필요합니다. 멈추어 알아차리는 것은 식별에 중요합니다. 이는 주님께서 우리 땅에 뿌리신 숨겨진 귀한 진주를 수확하는 일입니다.

선은 언제나 겸손하고 자신을 숨기기 때문에 감춰져 있습니다. 선은 드러나지 않고 조용합니다. 우리는 느리더라도 꾸준히 선을 캐내야 합니다. 하느님의 방식은 신중하기 때문입니다. 하느님은 조심스럽게 자신을 감추시기를 좋아하고 강요하지 않으십니다. 그분은 숨 쉬는 공기와 같아서, 눈에 보이지는 않지만 우리를 살 수 있게 해 주십니다. 우리는 공기가 없어졌을 때에만 그 존재를 깨닫습니다.

자신의 삶을 다시 읽는 데 익숙해지면 우리는 세상을 보는 관점을 훈련할 수 있습니다. 선하신 하느님이 매일 우리를 위해 행하시는 작은 기적을 더 예리한 눈으로 알아차리게 됩니다. 이것을 깨달을 때 우리는 내면의 이끌림, 평화 및 창의성을 강화하는 다른 방향을 발견합니다. 무엇보다도 해로운 고정관념에서 해방될 수 있습니다. 자신의 과거를 기억하지 못하는 사람은 그것을 되풀이하게 마련이라는 지혜로운 말이 있습니다. 우리가 걸어온 길과 과거를 잊으면, 결국 과거를 반복하며 원을 그리며 살아가게 된다는 점이 흥미롭습니다. 원을 그리며 도는 사람은 결코 앞으로 나아가지 못하고, 그들에게는 길을 걷는 여정이란 존재하지 않습니다. 자기 꼬리를 쫓는 개와 같이 항상 같은 일을 되풀이합니다.

자문해 봅시다. 누군가와 내 인생 이야기를 나눈 적이 있습니까? 약혼자들이 진지하게 자신의 삶을 상대방에게 이야기하는 것은 아름다운 경험입니다. 자신의 삶을 이야기하는 것은 매우 아름답고 친밀한 소통 방법 중 하나입니다.

그것을 통해 우리는 지금까지 알려지지 않은 작고 단순한 것을 발견하게 됩니다. 복음이 말하듯이 작은 것에서 큰 것이 탄생합니다(루카 16,10 참조).

성인들의 삶은 우리가 주님의 행동 방식에 젖어 들게 해 주며, 우리의 삶에서 활동하시는 하느님의 방식을 인식하는 데도 귀중한 도움을 줍니다. 몇몇 성인들의 행동은 우리에게 도전이 되기도 하지만, 새로운 의미와 기회를 줍니다. 이냐시오 성인에게 일어난 일을 예로 살펴봅시다. 그는 삶에서 발견한 근본적인 것을 설명하며, 더 명료하게 덧붙여 이야기합니다. "앞의 공상은 씁쓸한 기분을 남기는데 다른 공상은 행복감을 준다는 사실을 경험으로 깨달아 갔다. 그는 서서히 자기를 동요하게 하는 영들의 차이를 깨닫기에 이르렀다." 우리는 내면에서 일어나는 일을 알아야 합니다. 어떤 일이 일어나고 있는지 알아차리고 주의를 기울이는 것입니다.

식별은 삶의 과정에서 우리가 경험하는 좋은 순간과 어두운 순간, 위로와 실망을 이야기처럼 읽어 내는 것입니다. 식별하는 중에 우리 마음은 하느님에 대해 이야기하기

---

《로욜라의 성 이냐시오 자서전》, 8항.

에, 우리는 하느님의 언어를 이해하는 법을 배워야 합니다. 하루를 마감하면서 오늘 내 마음에 무슨 일이 일어났는지 스스로에게 물어봅시다. 어떤 사람들은 이 양심성찰을 하는 것이 우리가 범한 많은 죄를 나열하는 것과 같다고 생각합니다. 또 실제로 많은 사람이 그렇게 합니다. 그러나 양심성찰은 스스로에게 이렇게 질문하는 것이기도 합니다. '내 안에서 무엇이 일어났는가? 나는 기뻤는가? 무엇이 나에게 기쁨을 가져다주었는가? 나는 슬펐는가? 무엇이 나를 슬프게 했는가?' 이런 식으로 우리 안에서 일어나는 움직임을 **식별**하는 법을 배울 수 있습니다.

# 7. 식별의 대상 – 영적 실망

일반 알현, 2022년 10월 26일

형제자매 여러분, 안녕하세요!

지난 교리 교육에서 살펴보았듯이 식별은 기본적으로 논리적인 절차가 아닌 행동에 근거를 둡니다. 행동에는 정감적 의미도 함축되어 있는데, 하느님께서는 우리 마음에 말씀하시기 때문에 이를 알아차려야 합니다. 이제 식별의 대상인 첫 번째 정감적 양식인 **영적 실망desolazione**을 살펴봅시다. 영적 실망은 무엇을 의미할까요?

이냐시오 성인은 영적 실망을 다음과 같이 정의합니다. "영혼이 어둡고 혼란스럽고 현세적이고 비속한 것으로 기울어지고, 또한 여러 가지 심적인 동요와 유혹에서 오는 불안감 등으로 불신으로 기울고 희망도 사랑도 사라지며, 게으르고 냉담하고 슬픔에 빠져서 마치 스스로가 창조주 주님으로부터 멀리 떨어져 있는 것처럼 생각되는 상태이다."[1] 우리는 모두 이런 영적 실망을 경험합니다. 어떤 식으로든 이러한 실망을 겪어 보았을 것입니다. 문제는 실망을

---

[1] 《로욜라의 성 이냐시오 영신수련》, 317항.

해석하는 방법입니다. 실망 역시 우리에게 중요한 것을 말해 주기 때문입니다. 우리가 영적 실망에서 벗어나려고 서두르면 서두를수록 이 중요한 것을 알아차리지 못할 위험이 있습니다.

영적 실망과 슬픔을 원하는 사람은 아무도 없습니다. 우리는 모두 항상 즐겁고 유쾌하며 충만하게 살고 싶어 합니다. 그러나 이것은 가능하지 않을 뿐 아니라(실제로 불가능합니다) 우리에게도 좋지 않습니다. 사실 악으로 기울던 삶을 변화시키는 일은 자신이 저지른 일을 **슬퍼하고 후회할 rimorso 때** 시작될 수 있습니다. 우리는 모두 양심의 가책이 무엇인지 알고 있습니다. '양심의 가책'을 뜻하는 단어 'Rimorso'는 아름다운 어원에서 왔습니다. 문자 그대로 해석하면 '우리를 물어뜯으면서 평화를 주지 않는 양심'을 의미합니다. 알레산드로 만초니Alessandro Manzoni[2]의 소설 《약혼자들I promessi sposi》에서 페데리코 보로메오 추기경과 무명인이 나눈 유명한 대화는 후회로 인생의 방향을 바꿀 수 있는 기회를 얻는 사례를 아름답게 묘사합니다. 무명인은 끔찍한 밤을 보낸 후 기진맥진하여 추기경 앞에 나타나

---

[2] 역자주: 이탈리아 시인, 소설가 및 철학자(1785-1873).

는데, 추기경이 그 무명인에게 건네는 말은 감동을 자아냅니다. "추기경이 말했다. '좋은 소식이라도 있으신가요? 왜 머뭇거리며 말을 하지 못하시나요?' 무명인이 대답했다. '좋은 소식이요? 제가요? 제 마음이 지옥입니다. 만일 좋은 소식이 무엇인지 추기경께서 알고 계시다면 저에게 말씀해 주십시오.' 추기경은 차분하게 대답했다. '하느님은 당신의 마음을 어루만지셨고 당신을 그분의 사람으로 만들고 싶어 하십니다.'"* 하느님은 여러분의 마음을 건드리셨고, 여러분은 내면에서 무언가를 느낍니다. 바로 무언가에 대한 슬픔과 후회입니다. 이는 새로운 길을 시작하라는 초대입니다. 하느님의 사람은 마음 안에서 무엇이 일어나고 있는지를 깊이 깨달을 줄 압니다.

**슬픔을 읽는 법**을 배우는 것이 중요합니다. 우리는 슬픔이 무엇인지 알고 있습니다. 예외 없이 모두가 압니다. 그러나 슬픔을 해석하는 방법을 알고 있습니까? 오늘 이 슬픔이 나에게 어떤 의미인지 알고 있습니까? 우리가 사는 이 시대는 슬픔을 어떤 대가를 치르더라도 피해야 할 악으로 여기며, 대부분 부정적인 감정으로 대합니다. 오히려 슬

---

알레산드로 만초니, 《약혼자들》, 23장.

픔은 삶에 꼭 필요한 경종이 될 수 있습니다. 슬픔은 우리가 덧없는 인생에서 도망가는 것을 허락하지 않고, 더 풍부하고 아름다운 풍경을 탐험하도록 우리를 초대합니다. 토마스 아퀴나스 성인은 슬픔을 **영혼의 고통**dolore dell'anima 으로 정의합니다. 우리 몸의 신경과 마찬가지로 슬픔은 우리에게 일어날 수 있는 위험이나 지금까지 무시해 왔던 은총에 주의를 기울이게 합니다.[2] 그러므로 슬픔은 우리 건강에 꼭 필요하며, 자신과 다른 사람들을 해치지 않도록 보호해 줍니다. 슬픔을 느끼지 않고 계속 앞으로만 나아가는 것이 훨씬 더 심각하고 위험합니다. 때때로 슬픔은 신호등 역할을 합니다. '멈춰, 멈춰! 빨간불이야, 여기서 멈춰야 해.'

반면, **선**을 행하려는 지향을 가진 사람들에게 슬픔은 악마가 **우리를 실망**시키려고 설치한 **장애물**입니다. 이런 경우 악마의 의도를 거슬러 반대로 행동해야 하며, 시작했던 것을 계속하기로 결심해야 합니다.[3] 일, 공부, 기도 또는 여러분이 책임지고 있는 일을 생각해 보십시오. 지루함과 슬픔을 느끼자마자 그것들을 포기한다면 우리는 결코 아무것

---

[2] 토마스 아퀴나스, 《신학대전》, I-II, q. 36, a.1. 참조.

[3] 《로욜라의 성 이냐시오 영신수련》, 318항 참조.

도 이룰 수 없을 것입니다. 영적 삶에서도 마찬가지입니다. 선으로 향하는 길은 좁고 가파르며, 전투와 자기 극복이 필요하다고 복음은 상기시킵니다. 기도를 시작하거나 선한 일에 헌신할 때면 이상하게도 급히 해야 할 일, 즉 기도나 선한 일을 못하게 하는 일이 마음속에 떠오릅니다. 모두 이것을 경험합니다. 주님을 섬기려는 사람들은 다음과 같은 영적 실망으로 길을 잃지 않는 것이 중요합니다. '아니야, 나는 이것을 원하지 않아. 이건 지루해' 같은 태도를 조심해야 합니다. 불행하게도 어떤 사람들은 영적 실망에 빠진 채 자신의 마음 상태를 성찰하기 위해 멈추지도 않고, 무엇보다 영적 지도자의 도움 없이 기도 생활이나 자신의 선택, 혼인 생활 또는 수도 생활을 포기하기로 결정합니다. 이냐시오 성인은 **실망에 빠졌을 때에는 결코 결정을 변경해서는 안 된다**는 현명한 규칙을 제시합니다.[1] 우리의 선택이 좋은지 나쁜지는 순간의 느낌이 아니라 선택을 한 그 이후의 시간이 보여 줄 것입니다.

예수님이 단호하게 유혹을 물리치셨던 사실을 보여 주는 복음은 흥미롭습니다(마태 3,14-15; 4,1-11; 16,21-23 참

---

[1] 역자주: 《로욜라의 성 이냐시오 영신수련》, 318항.

조). 예수님은 사방에서 공격해 오는 시련을 마주하지만, 항상 아버지의 뜻을 행하기로 확고부동하게 결심합니다. 시련은 공격에 실패하고 예수님의 길을 더는 방해하지 못합니다. 성경에서 명확하게 일러 주듯이 영적 삶에서 시련의 때는 중요합니다. "애야, 주님을 섬기러 나아갈 때 너 자신을 시련에 대비시켜라"(집회 2,1). 여러분이 선한 길을 가고 싶다면 자신을 준비하십시오. 그 길 위에는 장애물과 유혹이 있고 슬픔의 순간도 찾아올 것입니다. 이는 마치 교수가 학생에게 시험을 치르게 할 때와 같습니다. 학생이 시험 과목의 핵심을 잘 파악하고 있음을 아는 교수는 더 이상 물어보지 않고 학생을 합격시킬 수 있습니다. 그렇지만 학생은 시험을 봐야 합니다.

만일 우리가 열린 마음과 깨달음으로 메마름과 영적 실망을 헤쳐 나가는 방법을 안다면, 인간적으로나 영적으로 강해질 수 있습니다. 감당하지 못할 시련은 없습니다. 어떠한 시련도 우리가 이겨 내지 못할 만큼 크지 않습니다. 그러니 시련을 피하지 마십시오. 이 시련이 무엇을 의미하는지, 나의 슬픔이 무엇을 의미하는지 보십시오. 나는 왜 슬픈가? 지금 내가 느끼는 영적 실망은 무엇을 의미하는가? 내가 실망하여 더 이상 앞으로 나아갈 수 없다는 것은 무엇을 의미하는가? 바오로 사도는 주님께서는 결코 우리를 버리지 않으시며, 우리가 감당할 수 없는 시련을 겪게 하지 않으신다고 상기시킵니다. 주님이 가까이 계시면 어떤 유혹도 이길 수 있기 때문입니다(1코린 10,13 참조). 오늘 유혹을 이겨 내지 못했다면, 다시 한번 일어나 걷기 시작하면 됩니다. 내일은 유혹을 이겨 낼 것입니다. 죽은 채로 머물러 있어서는 안 됩니다. 슬픔과 영적 실망에 패배한 채로 남아 있어서는 안 됩니다. 앞으로 나아가십시오. 언제나 영적인 삶의 길을 용감하게 걸어갈 수 있도록 주님께서 여러분을 축복하시기를 빕니다.

# 8. 왜 영적 실망에 빠지는가?

일반 알현, 2022년 11월 16일

형제자매 여러분, 안녕하세요. 환영합니다!

오늘도 **식별**을 주제로 교리 교육을 이어 갑시다. 한순간의 감정에 휘말려 충동적으로 결정을 내리거나 너무 늦었다고 후회하지 않으려면 우리 내면에서 무엇이 일어나는지 **읽는** 것이 얼마나 중요한지 보았습니다. 지금 일어나고 있는 일을 읽어 내고 결정을 내려야 합니다.

그런 의미에서 우리 내면이 어둡고 슬픈 상태를 **영적 실망**이라고 부릅니다. 이런 영적 실망은 우리가 성장하는 기회가 될 수 있습니다. 사실 약간의 불만족과 건강한 슬픔, 그리고 도망치지 않고 온전히 자신과 마주하며 고독 속에 머물 수 있는 건강한 힘이 없다면 우리는 사물의 표면에만 머물다가 그 핵심은 결코 만나지 못할 수도 있습니다. 영적 실망은 '영혼에 소용돌이'를 일으킵니다. 슬플 때 우리의 영혼은 온통 뒤흔들리는 것 같습니다. 영적 실망은 우리를 깨어 있게 합니다. 우리의 경계심을 일으키고 겸손을 길러 주며 변덕스러운 충동에서 우리를 보호합니다. 이것들은 삶의 진보, 즉 영적 삶의 진보를 위해 없어서는 안 될 조건입니다. 완벽하지만 감정이 없는 '무균 상태'의 평온함을 결정과 행동의 기준으로 삼는 것은 우리를 비인간적으로 만듭니다. 감정을 무시할 수 없습니다. 우리는 인간이고, 감정은 인간성의 일부입니다. 감정을 이해하지 못한다면 우리는 인간답지 못할 것입니다. 감정을 느끼지 못한다면 우리는 다른 사람들의 고통에 무관심할 뿐만 아니라 자신의 고통도 받아들일 수 없을 것입니다. 무관심의 길을 걸을 때 이러한 '완벽한 평온'에 도달할 수 없음은 당연합니다. "나는 이 일에 관여하지 않을 거야. 나는 적당한 거리를 둘 거야." 이러한 말은 아주 메마른 거리감을 드러냅니다. 이렇게 사는 것은 진정한 삶이라고 할 수 없습니다. 그것은 마치 우리가 병균에 노출되지 않고 질병에 걸리지 않도록 폐쇄된 실험실에 갇혀 사는 것과 같습니다. 복음의 가치를 살기 위해 부단히 노심초사하는 마음인 인퀴에투디네inquietudine는 많은 성인의 삶을 바꾸는 결정적인 촉매제였습니다.[1] 인위적인 평온은 좋지 않습니다. 반면 부단하게 길을 찾으려고 애쓰는

---

[1] 역자주: 'Inquietudine'는 이탈리아어 그 자체로는 '조바심' 등을 의미하는 부정적인 의미를 담고 있다. 그러나 프란치스코 교황은 몇 가지 긍정적인 의미로 사용하여 이 단어에 새로운 측면을 부여한다. 자세한 내용은 다음 논문을 참조하라. 김영훈, '프란치스코 교황의 청년 이해: 인퀴에투디네(inquietudine) 개념을 중심으로', 〈신학전망〉, 2021년 3월(212호), 113-154쪽.

이러한 마음은 건강하고 좋은 것입니다. 히포의 아우구스티누스, 에디트 슈타인,[2] 주세페 베네데토 코톨렌고,[3] 샤를 드 푸코[4]의 삶이 그러한 예입니다. 중요한 선택을 할 때 삶에서 치러야 할 희생은 불가피합니다. 그러나 모든 사람은 이 희생을 감당할 여력이 있습니다. 중요한 선택은 복권에서 나오는 것이 아닙니다. 그렇지 않고 말고요. 그 선택에는 대가가 따르며 그 대가를 지불해야 합니다! 정성을 다해 마음으로 치러야 할 결정의 대가이자 노력의 대가입니다. 그 대가는 공짜가 아니지만 누구나 감당할 수 있습니다. 우리는 모두 항상 결정의 대가를 치러야 합니다. 그래야 우리를 실망시키는 무관심 상태에서 벗어날 수 있습니다.

---

[2] 역자주: 십자가의 데레사 베네딕타 성녀는 1881년 독일의 유다인 가정에서 태어났다. 철학자가 된 후 아빌라의 성녀 데레사의 전기를 읽고 깊이 감화되어 가톨릭으로 개종한 뒤 가르멜회에 입회했다. 아우슈비츠 강제수용소의 가스실에서 죽임을 당한 그녀는 요한 바오로 2세에 의해 1998년 10월 11일에 시성되었다.

[3] 역자주: 1786년 이탈리아에서 태어난 성인은 본당 사제가 된 후에 복지시설을 운영하는 수도회, 병원에서 환자들을 돌보는 수도회, 여성 재소자를 위해 봉사하는 수도회 등을 설립했다. 베네딕토 16세 교황은 회칙 〈하느님은 사랑이십니다 *Deus Caritas Est*〉에서 사회적 사랑의 모범으로 이 성인을 제시한다.

[4] 역자주: 1858년 프랑스에서 태어난 군인, 지리학자 및 수도자. 사하라 사막에서 홀로 은수 생활을 한 후 알제리에서 투아레그족과 지내며 이슬람을 이해하고 고유의 언어와 풍습을 배웠다. 타 종교 및 문화 존중의 모범적인 인물로, 프란치스코 교황에 의해 2022년 5월 15일에 시성되었다.

영적 실망은 항상 감정적으로 만족을 얻기 위해 행동하지 말라는 초대이자, **거저 받은 것을 성찰하라**는 초대이기도 합니다. 영적 실망은 우리에게 성장의 가능성, 주님과 우리가 사랑하는 사람들과 더 성숙하고 더 아름다운 관계를 시작할 가능성을 열어 줍니다. 이 관계는 단순한 상호 교환의 관계로 축소되지 않습니다. 우리의 어린 시절을 생각해 봅시다. 어렸을 때 우리는 장난감이나 아이스크림을 살 돈이나 허락을 받으려고, 곧 무언가를 얻기 위해 종종 부모님을 찾았습니다. 그들이 나의 부모여서가 아니라 개인적인 이익 때문에 그분들을 찾았습니다. 우리에게 부모님은 가장 큰 선물인데도 말입니다. 우리는 자라면서 이러한 사실을 점차 깨닫습니다.

우리가 숱하게 한 기도도 이와 비슷합니다. 주님에 대한 진정한 관심 없이 단지 주님께 호의를 베풀어 달라고 청하기만 합니다. 우리는 주님께 계속해서 청하고 또 청합니다. 복음서는 예수님이 많은 사람에게 둘러싸여 있는 모습을 보여 줍니다. 그들은 단순히 예수님과 함께 있기 위해서가 아니라 치유나 물질적인 도움 등 무언가를 얻기 위해 그분 곁에 있었습니다. 예수님은 군중에게 떠밀릴 정도로 바빴지만 혼자였습니다. 몇몇 성인들, 심지어 어떤 예술가들은 예수님의 이러한 상태를 묵상했습니다. 주님께 "잘 지내시지요?"라고 묻는 것이 어쩌면 이상하고 비현실적으로 보일 수 있습니다. 하지만 그 물음은 그분의 인간성과 고통, 심지어 고독과 함께 진실한 관계 안으로 들어가는 아름다운 방법입니다. 당신의 삶을 우리와 온전히 나누기 원하셨던 주님과 일치의 관계를 맺는 아름다운 방법입니다.

우리는 그저 사랑하는 사람들과 함께하는 것이 아름답기에, 점점 더 그들과 머물며 서로 알고 싶어합니다. 이와 같이 **다른 목적 없이 주님과 함께 머물기**를 배우는 것은 우리에게 매우 유익합니다.

사랑하는 형제자매 여러분, 영적 삶은 내 마음대로 할 수 있는 기술이 아니며, 내면의 '편안함'을 위해 우리가 인위적으로 계획할 수 있는 프로그램도 아닙니다. 네, 그럴 수 없습니다. 우리의 영적 삶은 개인적 차원으로 축소될 수 없는, **살아 계신 분인 하느님과의 관계**입니다. 그러므로 영적 실망은 하느님 체험이 일종의 환시이고 단순히 우리의 갈망을 투사하는 것이라는 반론에 대한 가장 분명한 대답입니다. 영적 실망의 때는 아무것도 느끼지 못하고, 모든 것이 어둡지만, 그 실망 속에서도 우리는 하느님을 찾습니다. 하느님 체험이 우리 갈망을 투사하는 것이라고 생각한다면,

우리는 항상 이를 계획하게 될 것이고 같은 음악을 반복하는 레코드처럼 항상 행복하고 만족할 것입니다. 하지만 기도하는 사람들은 그 결과를 **예측할 수 없다**는 것을 압니다. 종종 우리를 매혹했던 성경 구절과 그 체험들은 이상하게도 더 이상 우리에게 감동을 불러일으키지 않습니다. 그리고 십자가 체험처럼 전혀 기대하지 않거나 관심을 기울이지 않았던, 외면하고 싶었던 경험, 만남, 독서가 커다란 평화를 가져다주기도 합니다. 영적 실망을 두려워하지 마십시오. 인내로 맞서십시오. 도망가지 마십시오. 영적 실망 속에서도 그리스도의 마음을 찾고 주님을 찾으려고 애쓰십시오. 그러면 언제나 응답이 있을 것입니다.

그러므로 어려움이 밀려와도 한없는 하느님의 은총에 힘입어 결코 낙심하지 말고 시련에 단호하게 맞서기를 바랍니다. 우리가 기도를 멀리하도록 끈질기게 유혹하는 목소리를 내면에서 듣게 된다면 그것은 악마의 목소리입니다. 그 악마의 가면을 벗기는 법을 배우도록 합시다. 그것에 휘둘리지 마십시오. 그 목소리가 우리에게 말하는 것과 정반대로 합시다!

# 9. 영적 위로

일반 알현, 2022년 11월 23일

형제자매 여러분, 안녕하세요!

우리 마음과 영혼에서 일어나는 일을 식별하는 방법에 대한 교리 교육을 계속하겠습니다. 지금까지 영혼의 어둠과 같은 영적 실망의 여러 측면을 살펴보았습니다. 오늘은 **영적 위로consolazione**에 대해 이야기할 것입니다. 영적 위로는 영혼의 빛입니다. 영적 위로는 당연하게 여겨서는 안 될 식별의 또 다른 중요한 요소입니다. 우리는 영적 실망이 무엇인지 잘 이해하려고 애썼듯이 영적 위로가 무엇인지도 잘 이해해야 합니다.

영적 위로란 무엇일까요? 모든 것 안에서 하느님의 현존을 볼 수 있게 해 주는 **내적 기쁨**을 경험하는 것입니다. 영적 위로는 믿음과 희망, 심지어 선을 행할 수 있는 능력까지 강화합니다. 영적 위로를 경험하는 사람은 시련보다 더 강한 평화 속에 있기 때문에 어려움이 닥쳐도 포기하지 않습니다. 그러므로 영적 위로는 영적 삶뿐만 아니라 일상의 삶에도 크나큰 선물입니다. 그러니 이 내적 기쁨을 경험하십시오.

영적 위로는 우리의 깊은 곳을 건드리는 친밀한 움직임입니다. 그것은 눈에 띄지 않지만 스펀지에 물방울이 스며들듯이 부드럽고 섬세합니다.[1] 영적 위로 중에 있는 사람은 우리의 자유를 존중하시는 하느님의 현존에 항상 온전히 둘러싸여 있다고 느낍니다. 영적 위로는 우리의 의지를 강요하는, 조율되지 않은 어떤 것도 아니고 잠깐 느끼는 행복감도 아닙니다. 그와 달리, 우리가 이전에 살펴보았듯 우리의 죄로 인해 겪는 고통조차 영적 위로의 원인이 될 수 있습니다.

아우구스티누스 성인이 어머니 모니카 성녀와 영생의 아름다움에 대해 이야기를 나눌 때 느꼈던 경험을 생각해 봅시다. 혹은 견디기 힘든 어려운 상황에서도 프란치스코 성인이 경험했던 완전한 기쁨에 대해서 생각해 봅시다. 또한 스스로 선하거나 능력이 있다고 생각해서가 아니라, 하느님 사랑의 평화와 감미로움에 사로잡혀 위대한 일을 할 수 있었던 수많은 성인들을 생각합시다. 이러한 것들은 이냐시오 성인이 다리를 다쳐 회복하던 중에 성인전을 읽으며 자신 안에서 발견하고 경탄했던 바로 그 **평화**입니다. 영적

---

[1] 《로욜라의 성 이냐시오 영신수련》, 335항 참조.

위로를 받는다는 것은 하느님 안에서 평화를 누리는 것이고, 모든 것이 평화롭게 질서가 잡혔으며 우리와 조화를 이루고 있음을 의미합니다. 에디트 슈타인은 개종한 후에 이러한 평화를 느꼈습니다. 성녀는 세례를 받은 지 1년 후 다음과 같이 썼습니다. "이 느낌에 나를 맡기면 나의 의지는 긴장하지 않고, 조금씩 새로운 삶이 나를 채우며 새로운 깨달음으로 이끌어 간다. 이 생명력의 유입은 내 것이 아닌 어떤 활동과 힘에서 솟아나고, 나에게 어떤 힘을 가하지 않고도 내 안에서 활동하게 되는 것 같다."[2] 참된 평화는 우리 안에서 좋은 감정을 싹트게 합니다.

　　무엇보다도 영적 위로는 우리의 **희망**과 관련됩니다. 이는 미래지향적이며 우리를 여정으로 인도합니다. 그 전까지는 항상 미루거나 상상조차 하지 못했던 일들의 주도권을 잡게 해 주기도 합니다. 에디트 슈타인이 세례를 받은 일처럼 말입니다.

　　영적 위로는 바로 그런 종류의 평화입니다. 우리가 앉아서 즐기는 것과 같은 평화가 아닙니다. 영적 위로는 평화를 주고 주님께로 이끌며, 어떤 선한 일을 하도록 인도합니

---

[2] 에디트 슈타인, *Psicologia e scienze dello spirito*, Città Nuova, 1996, 116쪽.

다. 영적 위로를 받는 순간에 우리는 항상 선한 일을 많이 하고 싶어 합니다. 반면, 영적 실망의 순간이 오면 우리는 자신에게 갇힌 채 아무것도 하고 싶지 않습니다. 영적 위로는 다른 사람과 사회를 위해 봉사하도록 우리를 격려합니다. 이는 내 뜻대로 할 수 없습니다. 여러분은 "이제 위로가 오면 좋겠어"라고 말할 수 없습니다. 그럴 수 없지요. 영적 위로는 '조종'할 수 있는 것이 아닙니다. 내 마음대로 계획하는 프로그램이 아니라는 것입니다. 영적 위로는 성령의 선물입니다. 그것은 나와 하느님과의 거리가 사라진 듯, **하느님과 친밀함**을 느끼게 합니다. 아기 예수의 데레사 성녀는 열네 살이 되던 해에 로마에 있는 예루살렘의 성 십자가 성당Basilica di Santa Croce in Gerusalemme을 방문했습니다. 그곳에서 성녀는 예수님을 십자가에 못 박을 때 사용한 것으로 여겨진 못 하나를 만지려 했습니다. 데레사 성녀는 자신의 그 담대한 행동을 사랑과 자신감의 표현으로 이해했습니다. 후에 성녀는 자서전에서 이렇게 말합니다. "저는 너무도 대담했습니다…! 다행스럽게도, 사람의 마음속을 들여다보시는 하느님께서는 제 생각이 순수하며, 제가 이 세상에서 당신께서 싫어하시는 일은 결코 하지 않으리라는 것을 알고 계십니다. 저는 마치 어떤 짓을 해도 괜찮다고 생각하며 아버지의 보물을 자기 것으로 생각하는 어린아이처럼 예수님을 대했습니다."[1] 영적 위로는 마치 우리가 어린아이처럼 모든 것을 즉흥적으로 하도록 이끕니다. 영적 위로는 여러분이 감미로움과 깊은 평화를 지니고 자발적으로 행동하게 합니다. 14세 소녀는 우리에게 영적 위로가 무엇인지 훌륭하게 묘사해 줍니다. 우리 안에는 하느님의 삶에 참여하며 그분을 기쁘게 해 드리고 싶은 하느님을 향한 애정이 있습니다. 거기에서 우리는 그분과 더 친밀해지고, 그분의 집을 우리 집처럼 여기며, 우리가 환대받고 사랑받아 회복되는 것을 느낄 수 있기 때문입니다. 이 영적 위로 때문에 우리는 어려움을 겪더라도 포기하지 않습니다. 사실 데레사 성녀는 어린 나이에도 불구하고 교황[2]에게 가르멜회에 들어갈 수 있도록 허락을 간청했고 마침내 그 소원을 이루었습니다. 이는 무엇을 의미할까요? 영적 위로가 우리를 담대하게 만든다는 뜻입니다. 우리는 어두움과 영적 실망 속에 있을 때 '나는 이것을 할 수 없어'라고 생각합니다. 영적 실망은 여러분을 넘어뜨리고 모든 것을 어둠 속으로 몰아

---

[1] 성녀 소화 데레사, 《성녀 소화 데레사 자서전》, 안응렬 옮김, 가톨릭출판사, 2011, 271쪽.

[2] 역자주: 레오 13세.

넣습니다. "아니야, 난 할 수 없어, 하지 않을 거야." 반면 영적 위로의 시간에 여러분은 같은 사안을 다른 시각으로 보고 이렇게 말합니다. "아니야. 앞으로 걸어갈 거야. 내가 해 보겠어." 누군가 "당신은 정말 그렇게 할 수 있습니까?"라고 물으면 "저는 하느님의 힘을 느끼기에 앞으로 나아갈 것입니다"라고 답할 수 있습니다. 따라서 영적 위로는 여러분이 영적 실망 중에 있을 때는 할 수 없는 일을 하도록 이끌어 줍니다. 첫걸음을 내디딜 수 있도록 힘을 줍니다. 이것이 영적 위로의 아름다움입니다.

그렇지만 조심합시다. 하느님이 주시는 영적 위로와 **거짓 위로**를 잘 구분해야 합니다. 공산품을 제조할 때와 유사한 일이 영적 삶에서도 발생합니다. 즉, 진품이 있고 모조품이 있습니다. 참된 위로는 스펀지 위로 떨어지는 물방울과 같이 부드럽고 친밀합니다. 하지만 모조품은 시끄럽고 현란합니다. 모조품은 온통 흥분의 도가니 그 자체로서 금방 사라질 검불 같고, 변덕스러우며, 우리를 자신에게만 가두어 남을 배려하지 않게 합니다. 결국 거짓 위로는 우리를 존재의 중심에서 멀리 떨어진 공허한 존재로 만듭니다. 행복하고 평화로울 때 우리는 무엇이든 할 수 있습니다. 그러나 이 평화를 일시적인 열정과 혼동하지 마십시오. 지나가는 열정은 오늘 있다가도 이내 사라져 버리기 때문입니다.

그러므로 영적 위로를 느낄 때도 **식별**을 해야 합니다. 영적 위로 그 자체를 목적으로 삼거나 강박적으로 추구하다 보면 거짓 위로를 만나 주님을 잊어버릴 위험이 따르기 때문입니다. 클레르보의 베르나르두스Bernardo di Chiaravalle 성인[1]의 말처럼 이때 우리는 위로의 하느님보다 하느님의 위로를 찾고 있는 셈입니다. 우리는 하느님을 찾아야 합니다. 하느님은 그분의 현존으로 우리를 위로하시며 우리가 앞으로 나아가게 하십니다. 그러나 하느님이 우리에게 위로를 주신다는 이유로 하느님을 찾아서는 안 됩니다. 이건 옳지 않습니다. 우리는 이러한 태도에 관심을 가져서는 안 됩니다. 이는 지난 시간에 이야기했듯이 어린아이들이 취하는 방식입니다. 부모를 위해서가 아니라, 단지 무언가를 얻기 위해 그들을 찾습니다. 자신들의 이익을 위해서 아빠, 엄마를 부릅니다. 때로 가족이 서로 갈라져 살 때 아이들은 놀이하듯 이런 방식을 사용합니다. 이쪽저쪽에서 무엇을 얻으려는 습관입니다. 이것은 좋지 않습니다. 이것은

---

[1] 역자주: 1090년에 프랑스에서 태어났으며 시토회의 수도원장이자 교회학자였다. 스콜라 학파 이전의 신학자로 마지막 교부敎父라고도 불린다.

위로가 아닙니다. 개인적인 이익을 추구하는 것일 뿐입니다. 우리 역시 하느님과의 관계를 그렇게 유치한 방식으로 맺어 갑니다. 자기 이익만을 추구하며, 하느님을 소비의 대상으로 축소하려 합니다. 여기에는 가장 아름다운 선물 그 자체이신 하느님을 훼손할 위험이 있습니다. 그러므로 하느님에게서 오는 영적 위로와 세상의 죄에서 오는 영적 실망 사이에서 살아가는 우리는 그것이 영혼 깊은 곳까지 평화를 주는 하느님의 위로인지, 혹은 그 자체로 나쁘진 않지만 그저 스쳐 지나가는 열정인지 구별하는 법을 알아야 합니다.

# 10. 참된 영적 위로

일반 알현, 2022년 11월 30일

형제자매 여러분, 안녕하세요!

식별에 대해, 특히 지난 수요일에 다루었던 **영적 위로**라는 영적 체험에 대해 성찰하면서 스스로에게 물어봅시다. 참된 영적 위로를 어떻게 인식할 수 있을까요? 이것은 우리가 참된 선을 찾는 과정에서 속지 않고 좋은 식별을 하기 위해 매우 중요한 질문입니다.

이냐시오 성인의 《영신수련》에서 몇 가지 기준을 찾을 수 있습니다. "시작과 중간, 끝이 모두 좋고 모든 일에 선을 지향하면 이는 선한 천사의 표지이다. 그러나 떠오른 생각들의 진행에 있어서 결과가 악이거나 딴 길로 벗어나거나 처음에 하고자 한 것보다 덜 좋거나 (영혼이 용기를 잃게 하거나 불안하게 하거나 동요를 일으켜서), 전에 가졌던 평화와 안정, 침착성을 빼앗아 영혼을 혼란스럽게 하고 불안하게 하면 이는 우리 영혼의 진보와 영원한 구원의 원수인 악한 영에서 나왔다는 분명한 표지이다."[1] 정말 그렇습니다. 참된 위

---

[1] 《로욜라의 성 이냐시오 영신수련》, 333항 참조.

로가 있는가 하면 거짓 위로도 있습니다. 그러므로 우리는 위로의 길을 잘 이해해야 합니다. '위로가 어떻게 오고 나를 어디로 인도하는가?' 만일 그것이 나를 잘못된 곳으로 이끈다면 바람직하지 않은 가짜 위로라고 할 수 있습니다.

이것들은 간략하게나마 설명할 가치가 있는 귀중한 표지입니다. 이냐시오 성인이 앞서 말한 선한 위로의 기준에서 **시작**이 선을 지향한다는 것은 무엇을 의미할까요? 예를 들어, 제가 기도에 대해 생각하고 있다고 합시다. 저는 그것이 주님과 이웃을 향한 사랑을 불러일으키고, 관대함과 자비로운 행동으로 초대하는 것을 알게 되었습니다. 이는 좋은 시작입니다. 하지만 나에게 맡겨진 업무나 일에서 도망치기 위해 기도하려는 생각이 떠오를 수도 있습니다. 설거지나 집 안 청소를 해야 할 때마다 기도하고 싶은 강한 충동이 생깁니다! 이런 일은 수녀원에서도 종종 일어납니다. 그러나 기도는 자신이 해야 할 일에서 도망가는 것이 아닙니다. 오히려 기도는 지금 여기에서 해야 할 선을 이루는 데 도움이 됩니다. 이것이 바로 시작에 관한 것입니다.

그리고 **중간**이 있습니다. 이냐시오 성인은 시작, 중간, 끝이 모두 좋아야 한다고 말했습니다. 시작은 이렇습니다. 곧, 설거지 대신 기도를 하고 싶었습니다. 그렇지만 먼저 가서 설거지를 한 다음 기도해야 합니다. 그다음 중간이 있습니다. 중간은 처음의 생각 다음에 따라 오는 것입니다. 앞서 말한 예처럼 설거지가 하기 싫어서 기도를 하는데, 만일 바리사이와 세리의 비유에 나오는 바리사이처럼(루카 18,9-14 참조) 기도 중 심술이 나서 자기만족에 빠지고 다른 사람을 멸시하는 경향이 생긴다면, 이것은 악한 영이 그 생각을 열쇠 삼아 내 마음을 열고 들어와 그의 감정을 나에게 전달했다는 표지입니다. 만일 그 유명한 바리사이의 말이 기도하는 나의 마음에 떠오른다면, 그 끝은 참담합니다. "주님, 당신을 찾지도 않고 당신께 기도하지도 않는 사람들과 달리 저는 기도할 수 있으니 감사드립니다." 이러한 기도에서 받는 위로는 마치 하느님 앞에서 화려한 공작새가 된 기분일 뿐입니다. 이것은 좋지 않은 중간입니다.

그리고 **끝**이 있습니다. 끝은 우리가 이미 접한 바 있습니다. 즉, '그 생각이 나를 어디로 데려가는가?'입니다. 기도하고 싶다는 생각이 나를 어디로 데려갑니까? 예를 들어, 내가 선하고 가치 있는 일을 위해 열심히 일하지만 많은 일로 바빠져서 기도를 그만둘 수 있습니다. 나는 점점 더 공격적 성향을 보이고 자주 화를 냅니다. 모든 것이 나에게 달려 있다고 느끼며 결국 하느님에 대한 신뢰를 잃게 됩니다.

여기에 분명히 악한 영의 활동이 있습니다. 나는 기도를 시작하지만, 기도할 때 느끼는 것은 나의 전능함입니다. 즉, 일을 처리하는 방법을 아는 사람은 나뿐이며, 모든 것이 내 손에 달려 있어야 한다는 생각만 커집니다. 분명 선한 영은 여기에 있지 않습니다. 우리는 어떤 일을 하고 싶은 순간에 감정의 움직임을, 좋은 감정의 흐름을, 영적 위로의 길을 잘 살펴야 합니다. 그것이 어떻게 시작되고, 어떻게 흘러 가고, 어떻게 끝나는지 보아야 합니다.

원수의 방식을 살펴봅시다. 원수란 악마를 말합니다. 왜냐하면 악마는 존재하기 때문입니다. 악마는 실재합니다! 우리가 살펴본 것처럼 악마는 남을 속이고 가면을 쓰는 방식으로 자신을 드러냅니다. 우리에게 가장 소중한 것에서 시작하여, 악마는 조금씩 우리를 유혹하고 끌어들입니다. 우리가 알지 못하는 사이에 악마가 비밀스레 들어옵니다. 그리고 시간이 지나면 부드러움은 완고함으로 변합니다. 악마의 진정한 의도가 무엇인지 드러냅니다.

그러므로 우리 생각의 출발과 진실이 무엇인지 끈기 있게 성찰하는 것이 반드시 필요하고 중요합니다. 이는 같은 실수를 반복하지 않기 위해 우리에게 일어난 일을 통해 배우라는 초대입니다. 우리가 자신을 알수록 악한 영이 어디로부터 들어오는지 알게 됩니다. 우리 마음의 문, 곧 우리의 가장 민감한 지점을 여는 악령의 **비밀번호**를 알게 되고, 앞으로 그 부분을 관심 있게 지켜볼 수 있습니다. 우리 각자에게는 성격상 더욱 민감한 부분과 가장 취약한 부분이 있습니다. 악한 영은 그곳으로 들어와 우리를 잘못된 길로 인도하고 참되고 올바른 길에서 멀어지게 합니다. 나는 기도하러 갔지만, 악마는 나를 기도에서 멀어지게 합니다.

이러한 비슷한 사례는 우리의 하루를 성찰하다 보면 얼마든지 늘어날 수 있습니다. 이것이 매일 양심성찰을 해야 하는 중요한 이유입니다. 하루를 마치기 전에 잠시 멈추십시오. 무슨 일이 일어났는가? 신문에서 읽은 사건이나 내 삶에서 일어난 일이 아니라, 내 마음속에서 무슨 일이 일어났는가? 내 마음은 그것에 주의를 기울였는가? 내 마음은 성장했는가? 혹시나 모든 것을 그냥 지나치지는 않았는가? 내 마음에 어떤 것이 지나갔는가? 양심성찰을 할 때 특정 관점에서 경험을 다시 읽는 노고를 마다하지 않아야 합니다. 무슨 일이 일어나는지 알아차리는 것이 중요합니다. 그것은 하느님의 은총이 우리 안에서 작용하여 자유와 인식이 성장하도록 돕고 있다는 표지입니다. 우리는 혼자가 아닙니다. 성령께서 우리와 함께하십니다. 양심성찰을 통해 일이 어떻게 진행되는지 살펴봅시다.

참된 영적 위로는 하느님께서 우리에게 원하신 일을 우리가 하고 있으며, 우리가 그분의 길인 생명과 기쁨과 평화의 길을 걷고 있다는 일종의 확증입니다. 사실 식별은 단순히 좋은 것이나 내가 할 수 있는 최대의 선이 아니라 **지금 여기에서 나에게 좋은 것이 무엇인지**를 보는 것입니다. 곧, 참된 선을 찾는 와중에 속지 않도록, 매력적이지만 비현실적인 다른 생각들에 선을 긋고 성장하도록 초대받은 것입니다.

형제자매 여러분, 우리 마음에서 일어나는 일을 이해해야 합니다. 그리고 오늘 무슨 일이 일어났는지 알아보기 위해 양심성찰이 필요합니다. "오늘 나는 화가 나서 그 일을 하지 않았어…" 왜 하지 않았을까요? 그 '왜'를 뛰어넘어야 이러한 실수의 근원을 찾을 수 있습니다. 그런데 "오늘은 기뻤지만 사람들을 도와야 해서 지루했어. 그래도 결국 도움을 주어서 만족스러웠어." 여기에 성령이 계십니다. 우리 마음의 책에서 하루 동안 일어난 일을 읽는 법을 배우도록 합시다. 단 2분만 해 보세요. 장담컨대 큰 도움이 될 것입니다.

## 11. 좋은 선택의 확증

일반 알현, 2022년 12월 7일

형제자매 여러분, 안녕하세요!

우리는 식별 과정에서 결정을 내린 직후의 단계에도 주의를 기울여야 합니다. 결정을 **확증해 주는 표지**나 이미 내린 결정이 좋지 않았음을 알려 주는 표지를 알아차리는 것이 중요하기 때문입니다. 내가 어떤 결정을 해야 한다고 합시다. 그렇다면 그 결정을 지지하는지 아니면 반대하는지, 내 감정은 어떠한지를 식별해야 합니다. 그리고 기도합시다. 이 식별 과정이 끝나고 결정을 내리지만, 주의 깊게 봐야 할 부분이 뒤따릅니다. 인생에서 내린 어떤 결정은 좋지 않고 그 결정이 틀렸음을 보여 주는 징후가 있는 반면, 좋은 결정은 그것을 확증해 주기 때문입니다.

우리는 수많은 목소리 가운데서 하느님의 음성을 알아차리기 위한 핵심 기준이 **시간**임을 보았습니다. 하느님만이 시간의 주인이십니다. 시간은 그분의 독창성을 보증하는 표지로, 하느님의 이름으로 말하지만 실제로는 그렇게 하지 못하는 모조품과 하느님을 구별합니다. 선한 영의 뚜렷한 특징은 **시간이 지나도 지속되는 평화**를 준다는 것입니다.

더 깊이 생각하고 결정을 내리면 시간이 지나도 평화가 지속됩니다. 이것은 좋은 징조로 식별 과정의 흐름이 좋았다는 것을 나타냅니다. 이 평화는 조화, 일치, 열의, 열정을 가져옵니다. 이때 여러분은 처음 식별을 시작할 때보다 더욱 좋고 심화된 상태로 나오게 됩니다.

예를 들어 여러분이 기도에 30분을 더 할애하기로 결정했다고 합시다. 그런 다음 하루의 다른 시간을 더 잘 살아내고, 더 평온하며, 덜 불안해하고, 더 기쁘게 관심을 기울여 일했으며, 어려웠던 사람들과의 관계도 부드러워졌다고 합시다. 이것들은 모두 이제까지 취한 결정이 좋았음을 보여 주는 중요한 신호입니다. 영적 삶은 순환합니다. 좋은 선택은 우리 삶의 모든 영역에 도움을 줍니다. 그것이 하느님의 창조에 참여하는 것이기 때문입니다.

어떠한 일을 결정한 후, 그 결정이 옳았음을 **확증**해 주는 시간을 이해하는 데 도움이 되는 **몇 가지 중요한 측면**을 알아봅시다. 결정 이후의 시간은 그 선택이 좋았음을 확증해 주기 때문입니다. 이미 이 교육 과정에서 중요한 측면들을 일부 다루었지만, 이제는 이 측면들을 어떻게 더욱 잘 적용할 수 있을지 살펴봅시다.

첫 번째 측면은, 이 결정이 나를 향한 하느님의 사랑과 관대함에 대한 응답의 표시로 볼 수 있는지에 관한 것입니다. 그 결정이 두려움이나 정서적 압박, 강압에서 나온 것이 아니라 **이미 받은 은총에 대한 감사**에서 시작했는지 보아야 합니다. 그러한 감사는 주님과의 관계 속에서 자유롭게 살도록 우리의 마음을 북돋웁니다.

또 다른 중요한 측면은 삶에서 **내가 지금 어디에 있는지를 아는 것**과 내가 있어야 할 자리에 있다고 느끼는 평온함입니다. 곧, 나를 어떤 큰 계획의 일부라고 느끼며, 이 계획에 이바지하려는 것입니다. 타원형으로 생긴 성 베드로 광장에는 바닥에 동그랗게 표시된 두 지점이 있습니다. 그곳에서 4열로 배열된 베르니니Bernini 회랑의 기둥들은 완벽하게 일렬로 정렬되어 보입니다. 마찬가지로 사람은 자신의 하루가 더 질서정연해지고 많은 관심사가 점차 통합됨을 느낄 때, 여러 관심사를 우선순위대로 정리하고 자신에게 발생한 어려움을 새로운 에너지와 강인함으로 직면하게 될 때, 바로 그때야 자신이 찾고 있는 것을 찾았음을 인식할 수 있고, 이 모든 것을 순조롭게 풀어나가게 됩니다. 이것은 당신이 좋은 결정을 내렸다는 신호입니다.

확증의 또 다른 좋은 측면은 이미 내린 결정에 집착하지 않고 **자유로운 마음을 유지**할 수 있는지에 관한 것입니다. 이 자유로운 마음은 이미 내린 결정에 기꺼이 의문을 제기하고, 그것을 반대하는 부정적 의견에 직면할 때 그 의견 안에서도 하느님이 주시는 가르침이 무엇인지 찾으려 노력하며, 결정을 주저 없이 포기하게도 합니다. 그렇게 할 수 있는 까닭은, 하느님께서 우리가 소중히 여기는 것을 뺏으시려는 것이 아니라 이에 **집착하지 않고** 자유롭게 살기를 원하시기 때문입니다. 오직 하느님만이 우리에게 진정으로 좋은 것이 무엇인지 아십니다. 소유욕은 선의 적이며 사랑을 죽입니다. 이것을 주의하십시오. 소유욕은 선의 원수이며 사랑을 없애 버립니다. 불행하게도 우리가 뉴스에서 듣는 가정 폭력의 사례들은 대부분 상대의 사랑을 소유하려는 욕망 때문에, 또한 자유를 죽이고 생명을 질식시켜 삶을 지옥으로 만드는 절대적 안전을 추구하기 때문에 일어납니다.

우리는 오직 자유 안에서만 사랑할 수 있습니다. 그러기에 주님은 우리를 자유롭게 창조하셨고, 우리가 그분을 거부할 수 있는 자유도 주셨습니다. 우리가 가장 소중하게 여기는 것을 그분께 드리려는 마음을 품고 있어야 합니다. 이를 통해 우리는 가능한 한 최선의 방식으로 진리 안에서 살 수 있습니다. 하느님께서 우리에게 주신 선물이자, 그분의 조건 없는 선하심의 표지로서 우리 삶뿐만 아니라 모든 역사가 그분의 자비로운 손안에 있음을 알게 됩니다. 이 것이 성경에서 **주님을 경외함**timore di Dio, 즉 하느님에 대한 존경이라고 부르는 것입니다. 경외는 하느님이 나를 놀라게 하시는 것이 아닙니다. 이는 하느님을 존경하는, 즉 지혜의 선물을 받아들이는 데 없어서는 안 될 조건입니다(집회 1,1-18 참조). 주님을 경외함은 다른 모든 두려움을 몰아냅니다. 그 경외가 만물의 주인이신 분을 향하기 때문입니다. 그분 앞에서는 아무것도 우리의 마음을 어지럽힐 수 없습니다. 이는 바오로 사도가 말한 놀라운 경험입니다. "나는 비천하게 살 줄도 알고 풍족하게 살 줄도 압니다. 배부르거나 배고프거나 넉넉하거나 모자라거나 그 어떠한 경우에도 잘 지내는 비결을 알고 있습니다. 나에게 힘을 주시는 분 안에서 나는 모든 것을 할 수 있습니다"(필리 4,12-13). 일이 잘 풀리거나 풀리지 않거나 언제나 주님을 찬양하는 사람은 자유롭습니다. 주님은 찬미 받으소서. 우리 함께 앞으로 걸어갑시다.

이 점을 인식하는 것은 좋은 의사 결정의 기본입니다. 그리고 우리가 건강이나 미래, 사랑하는 사람과의 계획 등, 우리 힘으로 통제하거나 예측할 수 없는 것에 노심초사하지 않게 합니다. 중요한 것은 우리를 무한히 사랑하시고 우리가 그분과 함께 놀랍고 영원한 것을 지을 수 있음을 아시는 우주의 주님께 우리의 신뢰를 두는 것입니다. 성인들의 삶은 가장 아름다운 방식으로 우리에게 이를 보여 줍니다. 항상 이런 식으로 결정을 내리도록 노력하며 기도하고, 우리 마음에 무슨 일이 일어나고 있는지 느끼며 천천히 서두르지 말고 앞으로 나아갑시다. 모두 용기를 냅시다!

## 12. 깨어 있음
일반 알현, 2022년 12월 14일

형제자매 여러분, 안녕하세요!

이제 식별에 관한 교리 교육이 마지막 단계에 접어들었습니다. 우리는 이냐시오 성인의 생애를 식별의 사례로 보면서 이 교육을 시작했습니다. 그런 다음 식별의 몇 가지 요소들, 즉 기도, 자기 인식, 갈망 그리고 '자신의 삶이라는 책'에 대해 살펴보았습니다. 또한 우리는 그 요소의 '핵심 주제'인 영적 실망과 영적 위로에 집중했고, 그런 다음 좋은 선택의 확증에 대해서도 다루었습니다.

가장 좋은 것을 식별하고 올바른 결정을 내리기 위해 기울였던 모든 노고를 물거품으로 만들지 않으려면 이 시점에서 식별의 필수적인 태도 한 가지를 상기하는 것이 필요합니다. 그것은 바로 **깨어 있는 태도**입니다. 우리는 식별하며 위로와 실망을 경험했고, 한 가지 선택도 내렸습니다. 모든 것이 순조롭게 진행되고 있습니다. 그러나 이제 **깨어 경계해야** 할 때입니다. 이것이 바로 깨어 있는 태도입니다. 조금 전에 들은 복음 말씀[1]을 통해 알 수 있듯이 위험이 존재합니다. 위험은 실제로 존재합니다. '불청객', 즉 악마가 모든 것을 망쳐 버려 맨 처음 식별을 시작한 지점으로 우리를 되돌아가게 하거나 심지어 더 나쁜 상태로 만들 수 있으므로 주의를 기울이고 깨어 있어야 합니다. 깨어 있는 것이 꼭 필요합니다. 그러므로 저는 오늘 교육에서 깨어 있음을 강조하는 것이 적절하다고 생각합니다. 깨어 있음은 식별 과정이 목적한 바를 이루고 유지하는 데 꼭 필요합니다.

실제로 예수님께서는 좋은 제자는 깨어 있고, 졸지 않으며, 일이 잘될 때도 지나치게 자만하지 않고, 자신의 의무를 수행할 준비가 되어 있다는 사실을 힘주어 가르치셨습니다.

예를 들어, 루카복음에서 예수님은 이렇게 말씀하십니다. "너희는 허리에 띠를 매고 등불을 켜 놓고 있어라. 혼인 잔치에서 돌아오는 주인이 도착하여 문을 두드리면 곧바로 열어 주려고 기다리는 사람처럼 되어라. 행복하여라, 주인이 와서 볼 때에 깨어 있는 종들! 내가 진실로 너희에게 말한다. 그 주인은 띠를 매고 그들을 식탁에 앉게 한 다음,

---

[1] 편집자주: 마태 12,43-45(되돌아오는 악령).

그들 곁으로 가서 시중을 들 것이다"(루카 12,35-37).

우리의 마음을 보호하고 그 안에서 무슨 일이 일어나고 있는지 이해하기 위해서는 깨어 있어야 합니다. 이것이 주님의 다시 오심을 기다리는 그리스도인이 갖춰야 할 영혼의 내적 태도입니다. 그러나 이는 삶 속에서 간직해야 할 일상적인 태도로도 이해할 수 있습니다. 그리하여 우리는 식별을 한 후에 우리가 택한 좋은 선택들을 포기하지 않고 일관되게 실천하여 열매 맺을 수 있습니다.

이미 말했듯이 깨어 있지 못하면 모든 것을 잃을 위험이 매우 큽니다. 그것은 심리적 질서의 위험이 아니라 영적 질서의 위험이며, 악한 영의 올무입니다. 실제로 악한 영은 우리가 자신을 과신하는 순간을 기다리고 있습니다. 이때가 위험합니다. "나는 자신을 믿어. 내가 이겼어. 그리고 난 지금 문제가 없어…" 악마는 바로 이 순간을 기다렸습니다. 모든 것이 순조롭게 진행되고 '순풍에 돛을 달았다'라고 말하는 순간입니다. 실제로 우리가 조금 전에 들은 짧은 복음의 비유에서 보았듯이, 더러운 영은 이전에 나왔던 집으로 다시 돌아와서 그 집이 비어 있을 뿐만 아니라 말끔히 치워지고 정돈된 것을(마태 12,44) 발견했습니다. 더러운 영은 그 집이 아주 멋지게 준비된 것을 보았지요. 모든 것이 제자리에 정돈되어 있지만 집주인은 어디에 있습니까? 그는 거기에 없습니다. 그 집을 지키고 경계를 서는 이가 없습니다. 이것이 문제입니다. 집주인이 집에 없습니다. 그는 집을 떠났고, 지금 방심하고 있습니다. 혹은 집에 있지만 잠들었기에 마치 집에 없는 것과 같습니다. 그는 자신을 너무 믿었고, 자기 마음을 지킬 수 있는 겸손을 간직하지 못했습니다. 그는 방심하여 경계하지 않았습니다. 우리는 항상 우리의 집과 우리의 마음을 지켜야 하고, 방심하거나 방황하지 말아야 합니다. 바로 이 비유가 말하는 것처럼, 여기에 문제가 있습니다.

그래서 더러운 영은 이를 틈타 그 집으로 돌아올 수 있었습니다. 마태오복음은 그가 혼자 돌아오지 않고 자기보다 더 악한 영 일곱을 데리고(45절) 함께 돌아온다고 말합니다. 그들은 악행을 일삼는 집단이자 범죄자 무리입니다. 그러나 우리 자신에게 한번 물어봅시다. 그들은 어떻게 방해받지 않고 집에 들어갈 수 있을까요? 어째서 주인은 눈치채지 못할까요? 주인은 이를 식별한 후 악한 영들을 내쫓을 수 없었을까요? 주인은 집이 매우 깨끗하고 아름답고 우아하다며 이웃들에게 칭찬을 받지 않았을까요? 아마도 바로 이런 이유로 주인은 자기 집과 사랑에 빠져서, 다시 말해 자신과 사랑에 빠진 나머지 주님을 더 이상 기다리지 않았고, 신랑의 오심도 기다리지 않았습니다. 아마도 정돈된 집을 어지럽힐까 우려해서 더는 누구도 환영하지 않았을 것입니다. 그는 가난한 사람, 집 없는 사람, 자신을 방해하는 사람을 초대하지 않았습니다. 한 가지는 확실합니다. 여기에는 나쁜 자만심이 결부되어 있습니다. 이를 테면 자신이 정의롭고 선하며, 문제와는 담을 쌓고 살아가는 사람이라면서 분수에 맞지 않게 자기를 과신하는 것입니다. 우리는 종종 누군가 다음과 같이 말하는 것을 듣습니다. "예, 저는 옛날에는 나쁜 사람이었어요. 하지만 지금은 회심했고, 하느님의 은총으로 제 집에는 질서가 회복되었습니다. 안심하셔도 됩니다." 우리가 하느님의 은혜가 아닌 우리 자신을 지나치게 신뢰할 때, 악마는 우리의 문이 열린 것을 포착합니다. 그는 원정대를 조직해서 그 집을 점령합니다. 그리고 예수님은 이렇게 그 이야기의 결론을 지으십니다. "그리하여 그 사람의 끝이 처음보다 더 나빠진다"(45절).

    그런데 주인은 왜 눈치채지 못했을까요? 이는 악마가 예의 바르게 행동하기 때문입니다. 악마는 여러분이 눈치채지 못하게 들어와서 문을 두드리고 공손하게 행동합니다. "아뇨, 괜찮아요. 그렇게 하세요. 그렇게 해요. 들어와요…"

그리고 결국 그들은 여러분의 영혼을 지배합니다. 이 작은 악마들을 조심하십시오. 악마는 훌륭한 신사인 척 예의 바르게 행동합니다. 악마는 우리에게 익숙한 방식으로 들어오지만, 나갈 때는 그들의 방식으로 나갑니다. 공손한 악마의 속임수로부터 집을 보호하십시오. 영적 세속성은 항상 이렇게 진행됩니다.

사랑하는 형제자매 여러분, 이런 일은 불가능해 보이지만, 실제로 일어납니다. 이러한 **깨어 있음**이 부족하기 때문에 우리는 자주 패배합니다. 전투에서 지고 맙니다. 주님은 자주 너무나 많은 은총을 주셨지만, 결국 우리는 이 은총 안에 머물지 못해 모든 것을 잃게 됩니다. 깨어 있지 못했기 때문입니다. 문을 지키지 않았기 때문입니다. 우리는 집 안으로 들어와 예의 바르게 인사하는 누군가에게 속아 넘어갑니다. 바로 악마의 방식입니다. 누구든 자신의 역사를 돌이켜 보면 이를 확인할 수 있습니다. 잘 식별하고 좋은 선택을 하는 것만으로는 부족합니다. 그것만으로는 충분하지 않습니다. 우리는 경계를 늦추지 말고 하느님께서 주신 이 은총을 잘 지켜야 합니다. 깨어 있어야 합니다. 여러분은 저에게 이렇게 말할 수도 있습니다. "저는 어떤 무질서한 상황을 목격할 때, 그것이 악마이고 유혹임을 즉시 깨달을 수 있습니다…." 그럼요. 그러나 이번에는 악마가 천사로 변장해서 옵니다. 악마는 천사로 가장할 줄 알고, 예의 바른 말로 집에 들어와서 설득하고, 결국 처음보다 상황을 더 나쁘게 만듭니다. 경계하고 마음을 지킬 필요가 있습니다. 오늘 제가 여러분 한 사람 한 사람에게, 그리고 저 자신에게 "마음속에 무슨 일이 일어나고 있습니까?"라고 묻는다면 아마 우리는 모든 것을 명료하게 말하기 어려울 것입니다. 한두 가지는 말할 수 있어도 전부 말할 수는 없습니다. 마음이 깨어 있어야 합니다. 깨어 있음은 지혜의 표시이고 무엇보다도 겸손의 표시이기 때문입니다. 또한 우리는 넘어지는 것을 두려워하지만 겸손은 그리스도인 삶의 가장 중요한 길이기 때문입니다.

## 13. 식별을 위한 도움

일반 알현, 2022년 12월 21일

형제자매 여러분, 안녕하세요. 환영합니다!

이제 마무리 단계에 접어든 식별에 관한 교리 교육을 계속합시다. 지금까지 이 교리 교육을 따라온 사람은 누구나 이렇게 생각할 수도 있습니다. '식별을 실천하는 것이 왜 이리 복잡한가요!' 실제로 삶은 복잡합니다. 그러기에 복잡한 삶을 읽는 법을 배우지 않으면, 우리는 편법으로 삶을 허송세월하면서 보낼 위험이 있습니다.

첫 번째 교리 교육에서 우리는 원하든 원하지 않든 매일 무엇인가 먹고 읽으며, 직장과 사람들과의 관계 안에서, 곧 모든 것 안에서 식별하는 법을 익혔습니다. 살다 보면 항상 선택의 기로에 서게 됩니다. 우리가 의식적으로 선택하지 않는다면 결국 인생이 우리를 대신해서 선택을 하고, 우리가 가고 싶지 않은 곳으로 우리를 데려갈 것입니다.

그러나 식별은 혼자 하는 것이 아닙니다. 오늘 우리는 이와 관련하여 영성 생활에 없어서는 안 될 식별 훈련을 더 쉽게 하도록 돕는 몇 가지 보조 수단을 자세히 살펴보겠습니다. 이미 이번 교리 교육 중에 이 수단들을 언급하긴 했지만, 요점을 다시 살펴본다면 우리에게 많은 도움이 될 것입니다.

첫 번째 긴요한 도움은 **하느님의 말씀**과 **교회의 가르침**에 비추어 식별을 평가하는 것입니다. 이 두 가지 요소는 우리 마음에 울림을 주는 것을 읽어 내고, 하느님의 음성을 인식하고 다른 목소리들과 구별하는 법을 배우도록 도와줍니다. 다른 목소리들은 우리의 관심을 끌지만 결국은 우리를 혼란스럽게 만듭니다. 성경은 하느님의 음성이 고요, 집중, 그리고 침묵 속에서 들려온다고 일러 줍니다. 엘리야 예언자의 경험을 기억합시다. 주님께서는 바위를 부수는 바람이나 불이나 지진으로 그에게 말씀하지 않으시고, 조용하고 부드러운 소리로 말씀하십니다(1열왕 19,11-12 참조). 이 아름다운 장면은 하느님이 말씀하시는 방식을 이해하는 데 도움이 됩니다. 하느님의 음성은 강압적이지 않습니다. 하느님의 음성은 사려 깊고 정중합니다. 저는 하느님의 음성은 겸손하다고도 감히 말하고 싶습니다. 평화를 가져오기 때문입니다. 우리가 평화 속에 머물 때만 내면으로 깊이 들어가 주님께서 우리 마음에 던져 주신 진정한 소망을 인식할 수 있습니다. 우리는 하루 종일 여러 가지 일 때문에 그 마음의 평안으로 들어가기가 쉽지 않습니다. 그러나 마음을 가라

앉히고 여러분 자신 속으로 들어가십시오. 여러분 내면으로 말입니다. 2분 동안만 멈추어 보십시오. 여러분의 마음이 느끼는 것을 바라보십시오. 형제자매 여러분, 그렇게 한 번 해 봅시다. 우리에게 많은 도움이 될 것입니다. 왜냐하면 그 고요한 순간에 우리는 즉시 "자, 여기를 보아라. 저것을 보아라. 네가 하고 있는 일이 좋구나"라고 말씀하시는 하느님의 목소리를 듣게 되기 때문입니다. 그 고요함 속에 하느님의 음성이 즉시 들어오시도록 합시다. 그분은 우리가 이렇게 하기를 기다리고 계십니다.

신앙인에게 하느님의 말씀은 단순히 읽어야 하는 텍스트가 아니라 살아 있는 현존입니다. 우리를 위로하고 방향을 제시하며 빛과 힘과 안도감과 삶에 대한 열정을 주는 성령의 활동입니다. 성경을 읽거나 성경의 짧은 한두 대목을 읽는 것은 하느님의 짧은 전보와 같아서 즉시 마음에 전달됩니다. 하느님의 말씀은 진정한 천국을 미리 맛보는 것입니다(과장이 아닙니다). 위대한 성인이자 목자인 밀라노의 주교 암브로시우스는 이를 잘 이해하고 다음과 같이 말했습니다. "성경을 읽을 때면 하느님이 오셔서 지상낙원을 거니십니다." 성경을 읽을 때 우리는 산책하시는 하느님께 문을 열어 드린다는 말입니다. 흥미로운 말씀입니다.

성경, 하느님 말씀, 그리고 복음과 맺은 이러한 정감적 관계는, 우리가 **주 예수님과의 정감적 관계**를 맺게 합니다. 이것을 두려워하지 마십시오! 마음이 마음에게 이야기하는 것입니다. 이러한 예수님과의 정감적 관계는 식별에 긴요한 또 다른 도움으로, 당연하게 여겨서는 안 됩니다. 우리는 종종 하느님에 대해 왜곡된 생각을 가집니다. 마치 언제라도 우리의 잘못된 행동을 꼭 집어 잡아낼 준비가 된 무뚝뚝하고 가혹한 재판관으로 여기는 것입니다. 하지만 예수님께서는 이와 반대로 되찾은 아들의 비유에 나오는 아버지처럼(루카 15,11-32 참조) 자신을 희생하며 우리에게 오시는, 연민과 온유한 마음으로 가득하신 하느님을 우리에게 보여 주십니다. 언젠가 이런 이야기를 들은 적이 있습니다. 누군가가 "제가 이 순간에 무엇을 해야 합니까?"라고 여쭈었답니다. 어머니인지 할머니인지 두 분 가운데 한 분이 대답하시길, "하느님의 말씀을 들어야 해. 그분이 너에게 해야 할 일을 알려 주실 거야. 하느님께 마음을 열어"라고 하셨답니

---

암브로시우스, *Lettera*, 49,3.

다. 참 좋은 충고입니다. 부에노스아이레스Buenos Aires에서 70킬로미터 떨어진 루한Lujan에 있는 성모님 성지로 1년에 한 번씩 젊은이들과 함께 순례를 떠났던 것을 기억합니다. 그곳에 가려면 하루가 꼬박 걸렸고, 저는 밤에 고해성사를 듣곤 했습니다. 어느 날, 온통 문신으로 뒤덮인 스물두 살쯤 되는 청년이 고해소에 왔습니다. 그를 보는 순간 저도 모르게 탄식이 나왔습니다. '어이쿠, 이 친구는 도대체 누구지?' 그가 저에게 말했습니다. "신부님, 심각한 문제가 있어 왔습니다. 저의 어머니께 사정을 여쭸더니 어머니께서 '성모님께 가거라. 순례를 하면 성모님이 말씀해 주실 거다'라고 말씀하셨습니다. 그래서 제가 여기에 왔습니다. 이곳에서 저는 성경을 읽으며 주님의 목소리를 들었고, 그 말씀이 저의 마음을 건드렸습니다. 그래서 저는 이제 이것저것을 해야 한다고 생각합니다." 주님의 말씀은 여러분의 마음을 건드리고 여러분의 삶을 변화시킵니다. 저는 이런 모습을 여러 번 목격했습니다. 수없이 말입니다. 하느님은 우리가 무너지기를 원하지 않으시기 때문입니다. 하느님은 우리가 매일 더 강해지고 더 나아지기를 원하십니다. 십자가 앞에 머무는 사람들은 새로 찾은 평화를 느끼고, 하느님을 두려워하지 않는 법을 배웁니다. 십자가의 예수님은 아무에게도 두려움을 주지 않으시기 때문입니다. 그분은 완전히 연약한 사람의 표상이며 동시에 완전한 사랑의 표상이기도 합니다. 그분은 우리를 위해 어떤 시련도 감당하실 수 있습니다. 성인들은 항상 십자가에 못 박히신 예수님께 끌렸습니다. 예수님이 수난받으시는 이야기는 악에 압도되지 않으면서 악에 맞서는 가장 확실한 방법입니다. 거기에는 판단도, 체념도 없습니다. 가장 강렬한 빛, 즉 부활의 빛이 수난을 관통하고 있기 때문입니다. 그 빛은 우리로 하여금 그 끔찍한 장면 안에서도 어떤 장애나 난관 그리고 실패도 막을 수 없는 더 큰 계획을 볼 수 있게 해 줍니다. 하느님의 말씀은 항상 이제까지와는 다른 측면을 보게 합니다. 여기 십자가가 있습니다. 끔찍해 보이는 십자가에는 다른 측면도 있습니다. 바로 희망과 부활입니다. 하느님은 말씀으로 모든 문을 우리에게 열어 주십니다. 왜냐하면 주님이 곧 문 자체이기 때문입니다. 복음서를 듭시다. 성경을 항상 가지고 다닙시다. 하루에 5분 정도만 시간을 내서 읽읍시다. 5분 이상도 아닙니다. 주머니 크기의 복음서를 가방에 넣고 다니십시오. 여행할 때 가지고 다니며 하루에 조금씩 읽으십시오. 하느님의 말씀이 여러분의 마음 가까이에 오도록 하십시오. 이렇게 하면 하느님의 말씀과 가까워지며 여러분의 삶이 어떻게 변화되는지를 보게 될 것입니다. "예, 신부님. 하지만 저는 줄곧 성인전만 읽어 왔는 걸요." 그것도 좋습니다. 그러나 성인전이 좋을지라도 하느님의 말씀을 떠나지 마십시오. 복음서를 가지고 다니며 매일 1분이라도 읽으십시오.

주님과 함께하는 삶을 날마다 성장하는 우정의 관계로 여기는 것은 참 아름답습니다. 이런 우정에 대해서 생각해 본 적이 있습니까? 이것이 바로 그 길입니다! 우리를 사랑하시고 친구로 삼고자 하시는 하느님을 생각합시다. 하느님과의 우정은 마음을 변화시킬 수 있습니다. 성령의 위대한 은사 중 하나인 효경孝敬은 우리가 하느님을 아버지로서 인식할 수 있게 해 줍니다. 우리에게는 자상하신 아버지, 사랑이 많은 아버지, 우리를 사랑하시고 언제나 사랑으로 대하시는 아버지가 계십니다. 이것을 경험할 때 우리의 경직된 마음은 녹아내리고 의심과 두려움, 무가치한 느낌도 사라집니다. 그 무엇도 주님과의 만남에 대한 이 사랑을 가로막을 수 없습니다.

그리고 이것은 또 다른 큰 도움을 상기시킵니다. 성령께서는 우리 안에 계시고, 우리를 이끄시며, 우리가 읽는 하느님의 말씀을 살아 있게 하십니다. 새로운 의미를 제시하시고, 닫힌 것처럼 보이는 문을 여시며, 어둠과 혼돈뿐인 것 같은 삶에서 길을 가리키십니다. 이 도움은 **성령의 선물**입니다. 여러분에게 묻겠습니다. 당신은 성령께 기도합니까? 하지만 이 알 수 없는 위대한 존재는 누구십니까? 우리는 아버지께 '주님의 기도'를 바치며 기도합니다. 예수님께도 기도합니다. 그러나 우리는 성령을 잊어버립니다! 한번은 어린이 교리 교육 중에 "성령이 누구신지 아는 사람이 있나요?"라고 물은 적이 있습니다. 아이들 중 한 명이 대답했습니다. "알아요!" "그래, 그분은 누구니?" 그러자 아이가 대답했습니다. "파라리티코paralitico(중풍 병자)입니다." 그 아이는 '파라클리토paraclito(성령)'라는 말을 들었던 것 같습니다. 그래서 성령이 누구냐는 질문에 '파라리티코'라고 대답을 했던 것입니다. 저는 이 어린이와의 대화를 자주 떠올리곤 합니다. 종종 우리는 성령을 중요하지 않은 위격 Persona처럼, 저기 어딘가에 계신다고 생각합니다. 여러분의 영혼에 생명을 주시는 분은 성령입니다! 성령이 우리 삶에 들어오시도록 합시다. 성부와 대화하듯이, 성자와 대화하듯이 성령과 대화하십시오. 몸이 마비된 중풍 병자가 아닌 성령과 대화하십시오. 교회의 힘은 그분 안에 있습니다. 그분은 여러분을 앞으로 걸어가도록 인도하시는 분입니다. 성령은 활동하시는 식별력이며, 우리 안에 계신 하느님의 현존입니다. 성령은 성부 하느님께서 당신께 청하는 사람들에게 보증해 주시는 가장 큰 선물이십니다(루카 11,13 참조). 예수님은 성령을 뭐라고 부르셨습니까? 바로 선물이라고 부르셨습니다. "여기 예루살렘을 떠나지 말고 **하느님의 선물**을 기다려라."[1] 하느님의 선물은 곧 성령이십니다. 성령과의 우정 속에서 우리의 삶을 사는 것은 흥미로운 일입니다. 성령은 여러분을 변화시키시고 성장시킵니다.

성무일도는 하루의 주요 기도를 다음과 같은 청원으로 시작합니다. "하느님, 절 구하소서. 주님, 어서 오시어 저를 도와주소서." "주님, 저를 도와주세요!" 나 혼자서는 앞으로 나아갈 수 없고, 사랑할 수 없고, 살 수 없기 때문입니다. 구원을 위한 이 청원은 우리 존재의 깊은 곳에서 흘러나오는, 억누를 수 없는 간청입니다. 식별의 목표는 내 삶에서 역사하시는 하느님의 구원을 인식하는 것입니다. 식별은 내가 결코 혼자가 아니며, 내가 어려움을 겪고 있다면 감수해야 할 몫도 그만큼 중요하다는 것을 상기시켜 줍니다. 성령께서는 항상 우리와 함께하십니다. "아, 신부님. 제가 정말 나쁜 일을 저질렀습니다. 저는 고해성사를 봐야 합니다.

---

[1] 역자주: 사도 1,4-5 참조.

저는 아무것도 할 수 없습니다…." 끔찍한 일을 저질렀습니까? 당신과 함께 계시는 성령께 이렇게 말씀드리십시오. "도와주세요. 제가 정말 끔찍한 일을 저질렀습니다." 성령과의 대화를 결코 포기하지 마십시오. "신부님, 저는 대죄를 지었습니다." 그것은 중요하지 않습니다. 성령께서 당신을 돕고 용서할 수 있도록 그분과 이야기하는 것이 중요합니다. 성령과의 이 대화를 결코 포기하지 마십시오. 주님께서 우리에게 주시는 이러한 도움이 있기에 우리는 두려워할 필요가 없습니다. 용기를 내서 기쁘게 앞으로 나아가십시오!

## 14. 영적 동반

일반 알현, 2023년 1월 4일

형제자매 여러분, 안녕하세요!

오늘은 교리 교육을 시작하기 전에, 선종하신 베네딕토 16세를 추모하는 많은 분들과 함께하며[1] 교리 교육의 탁월한 스승이셨던 교황님께 제 마음을 전하고자 합니다. 그분의 날카롭고 온유했던 사고는 자기 참조적autoreferenziale이지 않고 교회 중심적이었습니다. 왜냐하면 그분은 항상 우리와 예수님과의 만남에 동행하기를 원했기 때문입니다. 십자가에 못 박히시고 부활하신 예수님, 살아 계신 분이시며 주님이신 예수님은 베네딕토 교황님이 우리 손을 잡고 이끌어 간 목적지였습니다. 우리가 그리스도 안에서 믿음의 기쁨과 삶의 희망을 재발견하도록 그분이 도와주시기를 청합니다.

오늘의 교리 교육으로 식별이라는 주제에 집중했던 여정을 마무리합니다. 오늘은 식별 과정을 도울 수 있고, 또

---

[1] 역자주: 베네딕토 16세 교황은 2022년 12월 31일에 선종했고, 이 마지막 교리 교육의 다음날인 2023년 1월 5일에 장례미사가 있었다.

반드시 도와주어야 할 것이 무엇인지를 살펴보면서 마치겠습니다. 오늘의 주제는 식별 과정을 돕기입니다. 그중 하나가 **영적 동반**입니다. 이는 우리가 이미 살펴본 바와 같이 식별의 절대적 필요조건인 자기 인식의 과정에서 무엇보다 중요합니다. 혼자 거울을 보는 것이 늘 도움이 되지는 않습니다. 자기 자신의 이미지를 왜곡할 수 있기 때문입니다. 반면에 상대방이 당신에게 진실을 말해 준다면, 다른 사람의 도움을 받아 거울 속 자신을 바라볼 수 있다면 여러분에게 많은 도움이 됩니다.

우리 안에 계시는 하느님의 은총은 항상 우리의 본성에 작용합니다. 복음의 비유를 생각해 보면 은총은 좋은 씨앗에, 본성은 흙에 비유할 수 있습니다(마르 4,3-9 참조). 우선 우리의 가장 약한 부분, 즉 다른 곳보다 더 민감하고 나약하거나 판단 받을까 봐 두려운 부분을 영적 동반자와 공유하고 자신을 있는 그대로 드러내는 것이 중요합니다. 이는 삶의 여정에서 우리와 동반하는 사람에게 **자신을 알리고 드러내는 것**입니다. 영적 동반자는 우리를 위해서 어떤 결정을 해 주는 사람이 아니라 우리와 동행하는 사람입니다. 우리의 **연약함**은 실제로 우리를 진정한 풍요로움으로 이끌기 때문에 우리 모두는 연약해짐으로써 부유해질 수 있습니다. 이것이 바로 우리가 배우고 존중하고 환영해야 하는 진정한 부유함입니다. 우리가 연약함을 하느님께 봉헌할 때, 온유함과 자비와 사랑의 역량을 발휘할 수 있기 때문입니다. 약함을 느끼지 못하는 사람들은 불행합니다. 그들은 가혹하고 독재적입니다. 대신 자신의 연약함을 겸허하게 인정하는 사람들은 다른 사람들을 더 잘 이해합니다. 연약함이 우리를 더 사람답게 만든다고 감히 말씀드립니다. 예수님이 광야에서 받으신 세 가지 유혹 중 첫 번째는 배고픔과 관련된 유혹입니다. 이 유혹에서 연약함을 우리에게서 제거해야 할 악이자 하느님처럼 되는 데 장애물이라고 하면서 없애려 한 것은 놀랍지 않습니다. 그러나 연약함은 우리의 가장 귀중한 보물입니다. 참으로 하느님께서는 우리를 당신처럼 만드시고자 우리의 연약함을 최대한 나누기를 원하셨습니다. 십자가에 달리신 분을 보십시오. 연약함 안으로 내려오신 하느님이십니다. 인간의 연약함을 취하여 우리에게 오신, 구유 속에 계시는 큰사람을 봅시다. 그분은 우리의 연약함을 나누어 지셨습니다.

    우리가 성령께 순종할 때 영적 동반은 우리 자신을 인식하고 주님과의 관계에서 경험하는 불명확하거나 심각한 **이슈를 명료하게 하는 데** 도움이 됩니다. 복음은 예수님이 대화를 나눔으로써 상대방의 문제를 더 명확히 밝혀 주고 그와 관련된 사람들을 해방하신 예를 다양하게 제시합니다. 예를 들어, 사마리아 여인과 예수님의 대화를 생각해 보십시오. 그 대화를 읽으면 읽을수록 예수님의 이러한 지혜와 온유함을 보게 됩니다. 자캐오와 나누는 대화, 죄 많은 여인과의 만남, 니코데모와의 대화, 엠마오의 제자들과 나눈 대화와 두 제자에게 예수님이 다가간 방식을 생각해 보십시오. 예수님과 참된 만남을 가진 사람들은 마음을 열고 자신의 취약함, 부당함, 연약함을 드러내기를 두려워하지 않았습니다. 이런 식으로 그들의 자기 나눔은 구원의 체험이 되고 거저 받는 용서의 체험이 되었습니다.

자신이 경험했거나 찾고 있는 것을 다른 사람 앞에서 나눌 때 우리는 그것을 명확하게 이해하게 됩니다. **우리 안에 있는 많은 생각**, 집요하게 되풀이되며 우리를 불안하게 만드는 많은 생각을 **환히 드러내기 때문**입니다. 삶이 암울할 때 우리는 종종 다음과 같은 생각을 합니다. '나는 온통 실수투성이야, 나는 쓸모없어, 아무도 나를 이해하지 못해, 나는 결코 해낼 수 없을 거야, 나는 실패할 운명이야.' 이런 생각들이 자주 우리 마음을 건드립니다. 그러나 다른 사람을 만나 대화를 나누면 이러한 거짓되고 해로운 생각의 **가**

**면을 벗는 데** 도움이 됩니다. 그때 우리는 있는 모습 그대로 주님께 사랑받는 소중한 존재라는 것을 느끼고, 그분을 위해 선한 일을 할 수 있다고 생각하게 됩니다. 우리는 놀라워하며, 사물을 보는 다양한 방식과 우리 안에 항상 존재해 온 선함의 표지를 발견합니다. 사실, 우리는 일상생활이나 영성 생활에서 우리와 동반하는 사람(평신도든 사제든), 곧 영성 생활의 스승과 우리의 약함을 나누며 이렇게 말할 수 있습니다. "저에게 일어나는 일을 보십시오. 저는 가련한 사람입니다. 이런 일들이 저에게 일어나고 있습니다." 그러면 영적 동반자는 "예, 우리는 모두 이런 것들을 경험합니다"라고 응답합니다. 이는 우리가 자기에게 일어난 일을 더 명료하게 인식하고 그 일의 뿌리가 어디에 뻗어 있는지를 봄으로써 그것들을 극복하게 해 줍니다.

남성이든 여성이든 영적 동반자는 주님을 대신하지 않습니다. 피동반자를 대신하여 일을 하는 것도 아닙니다. 주님이 말씀하시는 본질적인 장소인 마음의 움직임을 해석하도록 격려하며 피동반자 옆에서 함께 걷는 것입니다. 우리가 흔히 **영적 지도자**라고 부르는(저는 이 용어가 썩 마음에 들지 않습니다. '영적 동반자'라는 표현을 선호합니다. 이것이 더 좋은 표현입니다) **영적 동반자**는 다음과 같이 말합니다. "좋습니다. 하지만 여기를 한번 보세요. 여기를 보십시오." 이렇게 그들은 여러분이 지나가는 것들에 주의를 기울이고 이해하도록 도와줍니다. 그리고 영적 동반자는 여러분이 시대의 표징, 주님의 음성, 유혹하는 자의 음성, 그리고 극복하기 힘든 어려움에서 오는 음성을 더 잘 이해하도록 도와줍니다. 따라서 혼자 걷지 않는 것은 매우 중요합니다. 신비로움과 지혜를 담고 있는 아프리카 어느 부족의 속담이 있습니다. "빨리 도착하고 싶다면 혼자 가라. 그러나 안전하게 도착하고 싶다면 다른 사람들과 함께 가라." 여러분이 아는 사람들과 함께 걸어가십시오. 이것이 중요합니다. 영적 삶에서는 우리가 처한 사정을 잘 알고 우리를 도와주는 사람과 함께 걷는 것이 더 좋습니다. 이것이 영적 동반입니다.

이 영적 동반에서 영적 동반자나 피동반자 양쪽이 모두 **아버지 하느님과 자녀 관계**와 영적 **형제 관계**를 경험한다면 유익한 결실을 얻을 수 있습니다. 우리가 같은 아버지의 자녀이고 형제자매임을 발견하는 순간, 우리는 하느님의 자녀임을 알게 됩니다. 이는 **함께 걸어가는 공동체의 일원**이 되는 데 반드시 필요합니다. 우리는 혼자가 아닙니다. 우리는 여정 중에 있는 민족, 국가, 도시, 교회, 본당, 혹은 이 교리 교육을 듣는 일반 알현 참석자 그룹 등 어떠한 공동체에 속해 있습니다. 우리는 혼자서 주님께 가지 못합니다. 그럴 수 없습니다. 이것을 잘 이해해야 합니다. 복음에 나오는 중풍 병자 이야기처럼, 우리는 종종 우리가 앞으로 나아갈 수 있도록 도와주는 다른 사람의 믿음으로 견딜 수 있고 치유됩니다(마르 2,1-5 참조). 우리는 중풍 병자처럼 내면의 마비를 겪곤 하기에, 그 갈등을 극복하기 위해서는 우리를 돕는 사람들이 필요합니다. 우리는 주님께 홀로 갈 수 없습니다. 이것을 분명히 기억합시다. 언젠가 우리는 형제자매를 위해 헌신하는 사람이 되어야 하고, 다른 사람을 돕는 동반자가 되어야 합니다. 하느님의 자녀가 되는 경험, 서로 형제자매가 되는 경험이 없는 동반은 비현실적인 기대와 오해를 일으키고 의존적 관계를 낳아 사람을 유아기의 상태에 머물게 할 수 있습니다. 다른 사람의 동반자가 되십시오. 그러나 하느님의 자녀로서, 서로 함께하는 형제자매로서 동반자가 되어야 합니다.

동정 마리아는 식별의 위대한 스승이십니다. 동정 마리아는 **적게 말하고, 많이 들으며, 들은 것을 마음에 간직하십니다**(루카 2,19 참조). 성모님의 세 가지 태도에 주목합시다. 적게 말하고, 많이 듣고, 마음에 간직하기. 성모님은 말씀하시는 몇 안 되는 순간마다 흔적을 남깁니다. 예를 들어,

요한복음에는 모든 시대의 그리스도인들에게 전하는 성모님의 짧은 말씀이 있습니다. "무엇이든지 그가 시키는 대로 하여라"(요한 2,5 참조). 흥미로운 이야기 중 하나입니다. 신학 공부는 하지 않았지만 아주 훌륭하고 경건하고 소박한 할머니께서 언젠가 저에게 말씀하셨습니다. "성모님이 항상 하시는 일이 무엇인지 아십니까?" "잘 모르겠습니다. 저를 어루만져 주실까요? 아니면 제 이름을 부르실까요?" 그러자 할머니는 말씀하셨습니다. "아니요. 성모님은 (할머니가 집게손가락으로 무엇인가를 가리키면서) 이렇게 하십니다." 잘 이해가 되지 않아 저는 할머니께 여쭈었습니다. "무슨 말씀이신가요?" 할머니가 대답하셨습니다. "성모님은 언제나 예수님을 가리키십니다." 할머니의 말씀은 참으로 아름답습니다. 성모님은 자신을 위해서는 아무것도 취하지 않고 예수님만을 가리키십니다. **무엇이든지 그가 시키는 대로 하여라.** 성모님은 그런 분이십니다. 마리아는 주님께서 각 사람의 마음에 말씀하시고, 이 말씀이 행동과 선택으로 바뀌기를 원하신다는 것을 알고 있습니다. 성모님은 다른 어떤 사람보다 이것을 어떻게 하는지 잘 알고 계셨고, 실제로 예수님 삶에서 가장 중요한 순간, 특히 십자가상의 가장 긴박한 죽음의 순간에 예수님과 함께하셨습니다.

사랑하는 형제자매 여러분, 이제 식별에 대한 교리 교육을 모두 마치겠습니다. **식별은 기술arte, 배울 수 있는 기술**이고, 나름의 규칙이 있는 기술입니다. 이를 잘 배우면 더욱 아름답고 질서 있게 우리의 삶을 영적으로 충만하게 살아갈 수 있습니다. 무엇보다도 스스로를 식별의 전문가로 자처하거나 혼자서도 충분하다고 생각하지 말아야 합니다. 식별은 언제나 주님께 청해야 할 하느님의 선물입니다. 주님, 삶의 순간마다 제가 해야 할 일과 이해해야 할 일을 분별할 수 있는 은혜를 주소서. 저에게 식별할 수 있는 은혜를 주시고, 저의 식별을 도울 사람을 보내 주소서.

우리는 언제나 주님의 음성을 알아차릴 수 있습니다. 그 음성은 독특한 방식을 가지고 있습니다. 어려움에 처해 있을 때 우리를 진정시키고 격려하고 안심시키는 목소리입니다. 복음은 계속해서 이 목소리를 우리에게 상기시킵니다. "두려워하지 마라"(루카 1,30). 예수님의 부활 후 마리아 막달레나와 다른 마리아에게 천사가 한 말은 얼마나 아름답습니까? "두려워 마라"[1]와 "놀라지 마라"[2]. 이것이 주님

---

[1] 역자주: 마태 28,5.

[2] 역자주: 마르 16,6.

의 방식입니다. "두려워하지 마라!" 주님께서는 오늘도 우리에게 거듭 이 말씀을 건네십니다. "두려워 마라." 만일 우리가 그분의 말씀을 신뢰한다면, 우리는 인생이라는 무대에서 훌륭한 역할을 할 수 있고, 다른 사람들도 도울 수 있습니다. 시편의 말씀처럼 '그분의 말씀은 우리 발에 등불, 우리의 길에 빛'입니다(시편 119,105 참조).

프란치스코 교황

## 제2부

교회 생활에서
식별의 실천에 대한
대화, 연설, 가르침

# I. 성령께 귀 기울이기

# II. 공동체적 역동성

# III. 선교로 부르심

# 1. 제자 되기

## 인식, 해석, 선택

교황 권고, 〈복음의 기쁨 *Evangelii gaudium*〉, 2013년 11월 24일

50. 복음화 활동과 관련된 몇 가지 기본적인 문제들을 다루기에 앞서, 우리가 어떠한 상황 속에서 살아가고 활동하는지를 간략하게 살펴볼 필요가 있습니다. 오늘날 우리는 '과잉 진단'이라는 말을 자주 듣습니다. 현실에서 적용할 만한 해결책이 늘 따라오는 것은 아니기 때문입니다. 한편, 이른바 중립적인 방식으로만 모든 현실을 아우르려는 순전히 사회학적인 분석도 우리에게 아무런 도움이 되지 않습니다. 제가 제안하고자 하는 것은 오히려 **복음적인 식별**의 맥락 안에 있습니다. 이는 선교하는 제자의 시각, 곧 "성령의 빛과 힘으로 길러지는" 시각입니다.

51. 우리 시대의 현실에 대하여 상세하면서도 완전하게 분석하는 것이 교황의 직무는 아닙니다. 그러나 저는 모든 공

---

 요한 바오로 2세, 〈현대의 사제 양성 *Pastores dabo vobis*〉, 10항, 1992년 3월 25일.

동체가 "시대의 징표를 주의 깊게 살피도록" 권고합니다. 사실 이것은 중대한 책임입니다. 오늘날의 현실들 가운데 일부는 효과적으로 대처하지 않으면 돌이키기 어려운 비인간화의 과정을 가져올 수 있기 때문입니다. 하느님 나라의 열매가 될 수 있는 것과 하느님의 계획에 어긋나는 것을 분명히 구분할 필요가 있습니다. 여기에는 선한 영과 악한 영의 움직임을 알아보고 식별하는 것만이 아니라, 선한 영의 움직임을 선택하고 악한 영의 움직임을 거부하는 것도 결정적으로 포함됩니다. 저는 보편 교도권의 여러 문헌들이 제시한 다양한 분석들과, 지역 주교회의들과 각국 주교회의들이 제안한 다양한 분석들을 전제 조건으로 두고자 합니다. 이 권고에서, 저는 교회의 선교 쇄신의 힘을 가로막거나 약화할 수 있는 현실적 측면들을 다만 사목적 관점에서 간략하게 살펴보고자 합니다. 이는 그러한 측면들이 하느님 백성의 삶과 존엄에 관련되기 때문이며, 또한 교회 기관과 복음화의 활동에 직접적으로 몸담고 있는 사람들에게도 영향을 주기 때문입니다.

---

바오로 6세, 〈주님의 교회 *Ecclesiam suam*〉, 50항, 1964년 8월 6일.

## 신앙 활동에 뿌리를 둔 내적 태도

젊은이들을 위한 세계주교대의원회의 제15차 정기총회 개막 연설, 2018년 10월 3일

식별은 광고 슬로건도, 조직적인 기술도, 제가 교황으로서 재임하는 동안만 잠깐 사용되고 사라질 유행도 아닙니다. 식별은 **신앙 활동**에 뿌리를 둔 **내적 태도**입니다. 식별은 우리가 스스로 추구하는 방법론이자 목표입니다. 식별은 하느님께서 세상의 역사와 삶의 사건들, 그리고 내가 만나고 나에게 말을 건네는 사람들 안에서 일하고 계신다는 확신을 기반으로 합니다. 그래서 우리는 종종 예측할 수 없는 방법과 경로를 통해 우리에게 제안하시는 성령께 귀를 기울이도록 부름을 받았습니다. 식별에는 공간과 시간이 필요합니다. 그러므로 저는 전체 회의나 그룹 작업 때, 다섯 번의 발표가 끝날 때마다 약 3분간 침묵하기를 제안합니다. 이는 각자가 들은 내용이 마음에 불러일으킨 울림에 주의를 기울이며 깊이 성찰하고, 또한 들은 것 가운데에서 무엇이 가장 마음에 와 닿았는지 살펴보기 위함입니다. 우리의 내면에 기울이는 관심은 인식, 해석, 선택의 길을 걷기 위해 반드시 필요한 열쇠입니다.

# 역동적이고 능동적인 신앙을 위하여

로마교구의 본당 사제들에게 한 연설, 2017년 3월 2일

**식별**은 […] 믿음을 구체화하고, 이를 "사랑으로 행동하게"(갈라 5,6)하며, 우리를 든든한 믿음의 증인으로 만듭니다. "나는 실천으로 나의 믿음을 보여 주겠습니다"(야고 2,18). 식별은 무엇보다도 "숨은 일도 보시는"(마태 6,4.6) 아버지께서 기뻐하실 일을 찾는 것이지, 문화적 패러다임에 부합하는 완전한 모델을 찾는 것이 아닙니다. 식별은 '순간의' 일입니다. 이는 주님께서 '그분의 때'를 앞당기시도록 한 카나의 성모님같이, 또한 중풍 병자를 다시 일으키기 위해 안식일 규정을 '뛰어넘으신' 예수님같이, 그 순간 이웃의 선익을 위해 세심한 배려를 기울일 때 일어나는 일이기 때문입니다. 가장 적절한 순간, 즉 **카이로스***kairos*에 대한 식별은 근본적으로 기억과 희망으로 가득합니다. 사랑으로 기억함으로써, 식별은 우리를 구원의 약속으로 인도하는 가장 좋은 것에, 우리가 시선을 명료하게 돌리게끔 해 줍니다. […]

그리스도를 발견하려는 희망으로 활력을 얻은 믿음은 지금 이 순간이 어떻게 식별과 연결되어 있는지 깨닫게 합니다. 그리고 우리는 한 걸음 물러서야 식별할 수 있습니다.

마치 넓게 펼쳐진 전경을 잘 보기 위해서 잠시 뒤로 물러나 듯이 말입니다. 우리 안에는 항상 질문이나 문제를 즉시 해결하고 싶은 '첫 충동'의 유혹이 존재합니다. 이런 의미에서 근본적이고 중요한 첫 번째 식별이 있습니다. 바로 악의 세력에 속아 넘어가지 않으며, 어떠한 인간적 상황에 처하더라도 그리스도의 십자가의 승리를 볼 수 있게 하는 식별입니다. […]

이제 조금 더 나아가, 가능하면 상대방의 이익에 상응하면서 어떻게 사랑을 구체화할 것인지를 식별할 때 비로소 신앙이 자란다고 말하는 것이 중요합니다. 다른 사람의 첫 번째 선은 믿음 안에서 성장할 수 있는 능력입니다. 제자들은 공통적으로 이렇게 간청합니다. "저희에게 믿음을 더하여 주십시오!"(루카 17,5). 믿음이 공동선임을 받아들인다는 뜻입니다. 또한 우리는 다른 사람의 이익을 도모할 때 위험이 따르는 것을 고려해야 합니다. 교황 권고 〈복음의 기쁨〉은 다음과 같이 말합니다. "선교하는 마음은 복음을 이해하고 성령의 길을 식별하며 자라야 한다는 것을 압니다. 그리고 좋은 일을 할 수 있을 때 언제나 좋은 일을 합니다. 그러면서 거리의 진흙탕에 신발이 더럽혀지더라도 좋은 일을 합니다"(45항).

이러한 식별은 가장 가난하고 가장 작은 이들,[1] 길 잃은 양,[2] 그리고 끊임없이 간청하는 벗[3] 안에 현존하시는 그리스도를 향한 신앙 행위를 내포하고 있습니다. 그리스도께서는 우리를 찾아오는 사람들 안에 현존하십니다. 자신의 눈물로 예수님의 발을 씻고 옥합을 깨뜨려 향유를 발랐던 여인이나[4] 자캐오처럼[5] 분명하게 드러나는 경우도 있고, 하혈하는 여인처럼[6] 거의 눈에 띄지 않는 경우도 있습니다. 멀리 길에 누워 있는 노숙인을 보고는 연민이 일어 달려가 그들을 돕는 사람들 안에도 그리스도께서 계십니다. 그리스도께서 그곳에 계심을 믿는 것, 그 사람의 유익을 위해 그리스도를 향하여 작은 발걸음을 내딛는 최선의 방법을 식별하는 것, 바로 이것이 믿음을 자라게 합니다. 그분을 찬양하는 것이 믿음의 진보인 것처럼, 그분을 더욱 갈망하는 것도 믿음의 진보입니다.

---

[1] 역자주: 마태 25,40.

[2] 역자주: 마태 18,12-14.

[3] 역자주: 루카 11,5-8.

[4] 역자주: 루카 7,36-50.

[5] 역자주: 루카 19,1-10.

[6] 역자주: 마르 5,24-34.

순간에 하는 식별을 통해 일어나는 신앙의 진보에 대해서 잠시 성찰해 보는 것도 도움이 됩니다. 기억과 희망의 틀 안에서 신앙은 더욱 빠르게 진보합니다. 반면, 이미 식별을 마치고 결정이 굳어진 곳에서는 신앙의 진보가 더딜 것입니다. '나는 믿으니까, 그것으로 충분해'라고 말하는 상황에서는 식별이 필요하지 않은 듯 보입니다. 그러나 이런 태도는 위험합니다. 특히 하나의 위격Persona이신 우리 주 예수 그리스도를 향한 우리의 믿음을 새롭게 하는 신앙 행위, 즉 우리가 방금 살펴본 이 모든 역동성을 지닌 신앙 행위가 단지 지적 신앙 행위로 대체되는 경우 더욱 그러합니다. 이 역동성이 성찰을 하거나 추상적인 공식을 정교화하는 데 소진될 위험이 있기 때문입니다. 목적지에 도달하기 위해 적절한 교통수단을 선택해야 하듯이, 사고를 정리하기 위해서는 개념 정립이 필요합니다. 그러나 믿음은 추상적인 공식화에 그치지 않으며, 자선carità도 특정 선행을 베푸는 행위로만 끝나지 않습니다. 오히려 믿음과 자선의 고유성은 더 높은 수준의 신뢰와 더 큰 공동선을 향해 자신을 개방할 때라야 성장하고 발전합니다. 신앙의 본질은 행동하는 것, 활동적인 것으로서 이는 자선도 마찬가지입니다. 여기에 시금석이 되는 것이 식별입니다. 사실 믿음은 자칫 화석화할 수 있습니다. 자신이 받은 사랑을 보존하기만 함으로써, 이것을 박물관에 있는 전시품으로 만들어 버릴 수 있습니다. 또한 믿음은 자신이 받고 싶은 사랑의 투사로 사라져 버려, 유토피아에만 존재하는 가상의 대상으로 변할 수도 있습니다. 지금 이 순간 가장 시급하게 도움이 필요한 사람을 위하여 실제적이고 구체적인 사랑을 식별하는 것은 믿음을 활동적이고 창의적이며 효과적으로 만듭니다.

## 인간과 문화의 현실에서 활동하시는 하느님의 성령

⟨라 치빌타 카톨리카 *La Civiltà Cattolica*⟩ 예수회 공동체에서
예수회 회원 작가들에게 한 연설, 2013년 6월 14일

오늘날 커다란 영적 질문은 그 어느 때보다 생생히 살아 있는데, 그 질문을 이해하여 해석할 사람이 필요합니다. 이냐시오 성인이 말했듯이, 겸손하고 개방된 지성으로 "모든 것 안에서 하느님을 찾으십시오." 하느님께서는 모든 사람의 삶과 문화 안에서 활동하십니다. 성령의 바람은 당신께서

---

역자주: 예수회가 1850년에 창간한 이탈리아의 가톨릭 교양 잡지. 한국어판은 다음을 참조. https://laciviltacattolica.kr/

원하시는 곳으로 붑니다. 하느님께서 무엇을 하셨는지, 그분의 일을 어떻게 계속하실지 알기 위해 노력하십시오. 영적 식별은 예수회의 진정한 보물로, 이는 인간적이고 문화적인 현실 속에서 하느님의 현존을 인식하는 것입니다. 또한 이미 일어난 사건과 감수성, 갈망과 마음속의 깊은 열망, 그리고 사회적·문화적·영적 맥락 안에 이미 뿌려진 그분 현존의 씨앗을 인식하려고 노력하는 것입니다. 예수회 칼 라너Karl Rahner[1] 신부의 말이 떠오릅니다. "예수회 회원은 하느님의 나라와 악마의 나라 모두에서 식별의 전문가입니다. 진리를 발견하기 위해 식별을 계속하는 것을 두려워할 필요가 없습니다." 이 말은 저에게 깊은 감명을 주었습니다.

    모든 것 안에서 하느님을 찾으려면 지식, 예술, 과학, 정치, 사회, 경제 등 모든 분야에서 연구와 감수성, 경험이 요구됩니다. 여러분이 다루는 일부 주제는 그리스도교적 관점과 명시적인 관련은 없겠지만, 사람들이 자신과 주변 세계를 어떻게 이해하는지 파악하는 데 중요합니다. 세상에 정보를 제공하기 위한 여러분의 탐구는 폭넓고 객관적이며

---

[1] 역자주: 칼 라너(1904-1984)는 독일 출신으로 20세기에 가장 영향력이 컸던 신학자 중에 하나였다.

시의적절해야 합니다. 또한 하느님의 진리와 선하심, 아름다움에도 특별히 관심을 기울일 필요가 있습니다. 이 세 가지는 항상 함께 숙고되어야 하는 것으로서 인간의 존엄성을 수호하고, 평화로운 공존을 추구하며, 하느님의 창조물을 주의 깊게 보존하는 데 소중한 동맹입니다. 이렇게 주의를 기울일 때, 예수님에게서 조명을 받아 차분하고 성실하고 긍정적으로 사안을 파악하게 됩니다. 마테오 리치Matteo Ricci 같은 위대한 인물이 바로 그 모범입니다. 이 모든 것은 우리가 마음과 생각을 열어, 자기 참조autoreferenzialità라는 영적 질병을 피할 것을 요구합니다. 교회가 자기 참조적이 되면 병들고 늙습니다. 그리스도께 단단하게 고정된 우리의 시선이 미래지향적이고 예언적이며 역동적이기를 바랍니다. 그래야 여러분은 항상 젊고 대담한 방식으로 사건을 읽을 수 있을 것입니다.

---

역자주: 이탈리아 출신 예수회 선교사(1552-1610). 중국 선교에 투신하여 유럽의 과학과 문화를 전했다. 그가 쓴 《천주실의》는 한국의 천주교 성립에 지대한 영향을 끼쳤다.

## 2. 양심의 소리에 귀 기울이기: 규정과 자유 사이에서

### 예수님은 우리가 자유롭기를 바라십니다

삼종기도, 2013년 6월 30일

이 모든 것은 우리를 생각에 잠기게 합니다. 예를 들어, 이는 예수님께도 양심이 얼마나 중요했는지 말해 줍니다. 양심은 마음으로 아버지의 음성을 듣고 따르는 것입니다. 지상에 머무셨던 예수님은 '원격 조종'을 당하신 것이 아닙니다. 그분은 육화하신 말씀이셨고, 사람이 되신 하느님의 아들이셨습니다. 그분께서는 어느 한 시점에서 마지막으로 예루살렘에 올라가기로 확고한 결정을 내리셨습니다. 이는 그분의 양심에 따른 결정이었으나 혼자 내린 결정은 아니었습니다. 아버지 하느님과 함께, 아버지와의 완전한 일치 안에서 내리신 결정이었습니다! 그분은 아버지 하느님께 대한 순종 안에서 깊고 내밀하게 아버지의 뜻을 들으며 결정하

---

편집자주: 2013년 6월 30일은 연중 제13주일(교황 주일)로, 복음 말씀은 루카 9,51-62이었다.

셨습니다. 그 결정은 아버지와 함께 내린 것이기에 더욱 확고했습니다. 아버지 안에서, 예수님은 당신의 길을 걸어가는 데 필요한 힘과 빛을 발견하셨습니다. 예수님은 자유로운 분으로 자유로이 결정하셨습니다. 예수님은 우리가 아버지와 나누는 이 대화, 하느님과 나누는 이 대화에서 오는 자유 안에서, 당신처럼 자유로운 그리스도인이 되기를 원하십니다. 예수님은 하느님과 대화를 나누지 않고 자신의 자아를 따르는 이기적인 그리스도인을 원하지 않으십니다. 그분은 약한 그리스도인, 자기 의지가 없는 그리스도인, 창의력 없이 '원격 조종'을 당하는, 그래서 항상 다른 사람의 의지에 좌지우지되면서 자유롭지 못한 그리스도인을 원치 않으십니다. 예수님은 우리가 자유로운 사람이기를 바라십니다. 이 자유는 어디에서 나오는 것일까요? 그것은 그 자신의 양심 안에서, 하느님과의 대화 안에서 이루어집니다. 만일 그리스도인이 자신의 양심 안에서 하느님과 대화할 수 없고 그분을 느낄 수 없다면, 그는 자유롭지 못합니다.

  이것이 우리가 더욱 양심에 귀 기울이는 법을 배워야 하는 이유입니다. 하지만 조심하십시오! 이것은 자신의 에고ego를 좇는 것, 즉 내가 관심 있고, 나에게 맞으며, 내가 좋아하는 것만을 찾아 하는 것이 아닙니다. […] 결코 아닙니다! 양심은 진리와 선, 그리고 하느님의 말씀을 듣기 위한 내적 공간입니다. 그 공간은 하느님과 관계를 맺는 내밀한 장소입니다. 그분께서는 나의 마음에 말씀하시고, 내가 걸어가야 할 길을 식별하고 이해하도록 도와주시며, 일단 결정이 내려지면 그 결정에 충실하게 앞으로 나아가도록 이끌어 주십니다.

최근 우리는 양심 안에서 이루어지는 하느님과의 관계를 보여 주는 본보기를 보았습니다. 교황 베네딕토 16세는 기도 중에 자신이 완수해야 할 길이 무엇인지 주님께서 깨닫게 해 주셨을 때, 놀라운 식별력과 용기로 양심, 즉 자신의 마음에 말씀하시는 하느님의 뜻을 따랐습니다. 이는 식별의 훌륭한 모범입니다.

## 침묵 속에서 기도할 때 하느님의 음성을 배울 수 있습니다
2016년에 서품된 새 주교들에게 한 연설, 2017년 9월 14일

하느님의 인도를 받는 사람만이 다른 사람을 인도할 자격과 권위를 가집니다. 내면의 스승과 친밀한 사람만이 식별을 가르치고 키워 줄 수 있습니다. 또한 그런 사람은 나침반

처럼 자신과 다른 사람들을 위한 몇 가지 기준을 제공합니다. 하느님과 그분의 때, 그리고 그분의 은총을 구별하는 기준, 그분이 언제 우리 앞을 지나가시는지 알아차리고 그분의 구원의 길을 인식하는 기준, 그리고 하느님께서 당신의 신비로운 사랑의 계획에 따라 모든 이를 위해 마련하신 선을 실현할, 즉 하느님을 기쁘게 해 드릴 구체적인 수단을 제시하는 기준입니다. 이러한 지혜는 십자가의 실천적 지혜로서 이성과 신중함을 포함하면서도 동시에 그것들을 초월합니다. 그 지혜는 우리를 영원한 생명의 근원으로 이끌기 때문입니다. 그 근원은 바로 "홀로 참하느님이신 아버지를 알고, 아버지께서 보내신 예수 그리스도를 아는 것입니다"(요한 17,3 참조).

주교들은 이처럼 높고 초월적인 선물을 갖게 된 것을 **당연하게 여겨서는 안 됩니다.** 그 선물을 마치 본인이 취득한 권리인 것처럼 간주한다면, 사목 활동은 전혀 열매를 맺지 못하고 맙니다. 주교는 이 선물을 **계속해서 간청해야** 합니다. 이 선물은 우리에게 맡겨진 사람들의 구원을 위해 하느님의 길을 식별하는 데 도움이 되는 모든 인간적·실존적·심리학적·사회학적·도덕적 지혜를 밝혀 주는 필수 조건입니다. […]

그러므로 주교가 성령께서 선포하시는 하느님의 말씀에 비추어 자신에게 맡겨진 사람들 그리고 상황들과 접촉할 때, 식별은 그의 마음과 정신 안에 태어납니다. 이러한 친밀함 덕분에, 사목자는 개인적·교회적 차원에서 자신의 선택과 행동에 항구하게 머물 수 있는 더 깊은 차원의 내적 자유를 얻게 됩니다. 오직 깊은 침묵 속에서 기도할 때 하느님의 음성을 듣고, 하느님 언어의 흔적을 인식할 수 있습니다. 또한 "물 위에 뜬 기름처럼 지성 위에 있는 것이 아닌" 빛, 매우 색다른 빛인 그분의 진리에 접근할 수 있습니다. 이 빛은 "무릇 진리를 아는" 사람만이 알 수 있기 때문에 다른 것보다 훨씬 더 우월합니다.

## 양심을 대체하지 말고, 함양하십시오

교황 권고, 〈사랑의 기쁨 *Amoris laetitia*〉, 2016년 3월 19일

37. 우리는 은총에 열려 있도록 권장하지 않은 채 단순히 교리적, 생명 윤리적, 도덕적 주제들을 강조하는 것만으로

---

아우구스티누스, 《고백록》 7권, 10항 참조.

도 이미 가정에 충분한 도움을 주고 부부 유대를 강화하며 부부가 함께하는 삶에 의미를 부여하고 있다고 오랫동안 생각해 왔습니다. 우리는 혼인을 평생을 짊어지고 가는 짐이 아니라 개인의 성장과 완성의 역동적 길로 제시하는 데에 어려움을 느낍니다. 또한 종종 우리는 믿는 이들이 자신의 양심을 키워 나가는 자리를 마련해 주는 것이 어렵다고 느낍니다. 믿는 이들은 자신의 한계 속에서도 최선을 다하여 복음에 응답하며 복잡한 상황 안에서도 자신만의 식별력을 키울 수 있습니다. 우리는 양심의 대체가 아니라 양심의 함양을 요청받습니다.

## 식별, 규범 그리고 양심

교황 권고, 〈사랑의 기쁨〉, 2016년 3월 19일

303. 사람들이 처한 구체적인 상황들의 어려움을 인식하여, 혼인에 관한 우리의 이해가 객관적으로 실현되지 않은 몇몇 상황들에 교회가 대처할 때에 개인의 양심을 더 잘 고려하여야 한다는 점을 덧붙여 말할 수 있습니다. 물론 목자의 책임 있고 신중한 식별로 인도되는 양심의 성숙을 촉구하고

하느님의 은총에 대한 신뢰를 더욱 키우는 노력은 분명히 필요합니다. 그러나 양심은, 주어진 상황이 복음의 일반적 요청에 객관적으로 맞갖지 않은 상황이라는 것을 깨달을 뿐만 아니라, 먼저 하느님께 드릴 수 있는 관대한 응답이 무엇인지를 참되고 솔직하게 깨달을 수 있습니다. 또한, 양심은, 비록 아직 온전한 객관적 이상에 맞갖지 않는 것이라도 그것이 각자의 구체적이며 복잡한 한계 상황에서 하느님께서 요청하시는 것임을 도덕적 확실성으로 깨달을 수 있습니다. 어떠한 경우에도 이러한 식별은 역동적이라는 것을 명심하여야 합니다. 이러한 식별은 성장의 새로운 단계와, 이 이상을 더욱 온전히 실현할 수 있는 새로운 결정에 늘 열려 있어야 합니다.

304. 개인의 행위가 단순히 법이나 일반 규범에 맞는지만 고려하는 것은 지나치게 편협한 일입니다. 이는 하느님에 대한 온전한 신의를 인간의 구체적인 삶에서 식별하고 확인하는 데에 충분하지 않기 때문입니다. 저는 우리가 토마스 아퀴나스 성인의 다음과 같은 가르침을 늘 기억하고 우리의 사목적 식별에 이를 통합하는 법을 배울 것을 강력하게 요청합니다. "일반적인 것에는 어느 정도 필연성이 존재하지만,

개별적인 분야로 더 깊이 들어갈수록 불확실성은 더욱 커집니다. […] 실천의 영역에서, 진리나 실천 규범은 개별적인 것이 아니라 일반적인 것에 적용됩니다. 개별적인 것에 동일한 실천 규범이 적용되어도, 그것이 모든 이에게 동일하게 알려지는 것은 아닙니다. […] 그래서 개별적인 것으로 더 깊이 들어갈수록 불확실성이 점점 더 커지는 것입니다."[1] 일반 규범이 결코 간과되거나 무시될 수 없는 선을 제시한다는 것은 사실입니다. 그러나 확실히 규범들은 모든 개별 상황에 적용되는 조항들을 다 포함할 수는 없습니다. 또한 바로 그러한 이유로 개별 상황에서 이루어지는 실천적 식별은 규범의 차원으로 올라갈 수 없다고 단정되는 것입니다. 이는 용인할 수 없는 결의론(決疑論, casuistica)[2]을 이끌어 낼 뿐만 아니라 특별한 주의를 기울여 보호해야 하는 가치들을 위험에 빠뜨릴 수도 있습니다.[3]

---

[1] 토마스 아퀴나스, 《신학대전》, I-II, q. 94, a.4.

[2] 역자주: 결의決疑는 '의심을 해결한다'라는 뜻으로, 명확하지 않은 상황에서 구체적인 행동의 방향에 대해서 답변한다는 의미가 있다. 사례case에 따라서 구체적인 상황을 만족시키면 그 사례에 적용된 보편적인 원리를 충족시키는 것으로 착각하게 만들기에, 율법주의적 윤리관에 가깝다.

[3] 규범에 관한 일반 지식과 실천적 식별에 관한 개별 지식에 대하여 토마스 아퀴나스는 다음과 같이 말한다. "두 지식 가운데 한 가지만 지닌다면 후자, 곧 구체적이고 개

305. 이러한 이유로 목자는 도덕률을, 마치 사람들의 삶을 향해 던지는 돌멩이나 되는 듯이, '비정상적' 상황에 있는 이들에게 단순히 적용하는 것에 만족하지 말아야 합니다. 이는 "모세의 의자에 앉아 때로는 거만한 태도와 피상적 접근으로 어려운 문제들과 상처 입은 가정들을 단죄"하려고 교회의 가르침 뒤에 숨는 것이 익숙한 사람의 닫힌 마음을 보여 주는 것입니다. 이러한 맥락에서, 국제신학위원회는 다음과 같이 말하였습니다. "자연법을 도덕적 주체에게 선험적a priori으로 부여된 기존의 규칙 전체로 제시할 수 없습니다. 오히려 자연법은 매우 개인적인 의사 결정 과정에 대한 객관적 영감의 원천인 것입니다."² 정황이나 정상을 참작하여, 주관적으로 죄가 아니거나 최소한 완전히 죄가 아닌 차원의 죄의 객관적 상황에서, 사람들은 교회의 도움을 받으면서 하느님의 은총으로 살고 사랑하며 은총과 사랑의

---

별적인 것에 관한 지식을 지니는 것이 더 낫다"(토마스 아퀴나스, 《윤리학 주석Sententia Libri Ethicorum》, VI, 6, Leonina 편집, 제47권, 354쪽).

1 프란치스코, 세계주교대의원회의 제14차 정기총회 폐막 연설, 2015년 10월 24일.

2 교황청 국제신학위원회, 〈보편적 윤리를 찾아서: 자연법에 대한 새로운 시각In cerca di un'etica universale: nuovo sguardo sulla legge naturale〉, 2009, 59항.

삶 안에서 성장할 수 있습니다.[3] 식별은 하느님께 응답하는 방법과 더불어 한계를 통하여 성장할 수 있는 방법을 찾는 데에 도움을 주어야 합니다. 우리는 때때로 흑백 논리로 은총과 성장의 길을 차단하고 하느님께 영광을 드리는 성화의 길로 나아가는 용기를 꺾어 버리는 경우가 있습니다. 다음을 명심합시다. "하느님께서는 인간의 커다란 한계 속에서 내딛는 작은 발걸음을, 큰 어려움 없이 살아가는 사람들의 겉보기에만 올바른 생활보다 더 기뻐하실 것입니다."[4] 사목자들과 공동체들의 구체적 사목은 이러한 사실을 고려해야 합니다.

---

[3] 어떤 경우에는 성사가 도움이 된다. 이를 위해서 "저는 사제들에게 고해소가 고문실이 아니라 주님의 자비를 만나는 장소가 되어야 한다는 것을 일깨우고 싶습니다"(《복음의 기쁨》, 44항). 또한 성찬례는 "완전한 이들을 위한 보상이 아니라 나약한 이들을 위한 영약이며 양식입니다"(《복음의 기쁨》, 47항).

[4] 프란치스코, 《복음의 기쁨》, 44항.

## 3. 청할 선물

교황 권고, 〈기뻐하고 즐거워하여라〉, 2018년 3월 19일

166. 어떤 것이 성령에게서 온 것인지, 아니면 세속적 영이나 악마의 영에서 비롯된 것인지 어떻게 알 수 있습니까? 유일한 길은 식별입니다. 식별은 지성이나 상식 이상의 자질을 요구할 뿐만 아니라, 우리가 간청해야 하는 은총이기도 합니다. 우리가 확신을 가지고 성령께 이러한 은사를 내려 주십사 간청하고 기도, 묵상, 독서, 좋은 상담을 통하여 식별을 증진하고자 노력한다면, 분명 우리는 이러한 영적 능력을 성장시킬 수 있을 것입니다.

### 긴급한 필요

167. 식별의 은사는 오늘날 더욱 필요하게 되었습니다. 현대의 삶은 폭넓은 활동과 여가를 가능하게 해 주고, 세상은

---

이 부분의 제목은 프란치스코 교황 권고 〈기뻐하고 즐거워하여라〉에서 가져왔다.

이 모든 것을 가치 있고 좋은 것인 양 제시하기 때문입니다. 우리 모두, 특히 젊은이들은 재핑zapping 문화에 빠져 있습니다. 우리는 둘 이상의 화면을 동시에 검색하며, 둘 또는 셋의 가상 현실 속에서 동시에 교류하고 있습니다. 식별의 지혜가 없다면, 우리는 모든 지나가는 유행에 좌우되는 꼭두각시가 되기 쉽습니다.

168. 식별은 우리 삶에 새로운 일이 생길 때 더욱 더 중요합니다. 이러한 때에 우리는 그것이 하느님께서 보내 주신 새 포도주인지 세속의 영이나 악마의 영이 만들어 낸 허상인지 식별해야 합니다. 어떤 때에는 반대의 경우가 발생할 수 있습니다. 우리가 변하지 않도록, 원래 상태에 그대로 두도록, 변화에 완고하게 저항하도록, 악마의 힘이 우리를 유혹할 때가 그러합니다. 그러나 이는 성령의 활동을 차단하는 것입니다. 그리스도의 자유로 우리는 자유롭습니다. 그렇지만 그리스도께서는 우리에게 욕망, 걱정, 두려움, 의문과 같이 우리 안에 있는 것과 우리 주위에 일어나는 모든 것, 곧

---

역자주: 텔레비전을 시청할 때 흥미롭지 않은 내용이나 광고가 나오면 다른 볼거리를 찾기 위해 계속해서 채널을 바꾸는 시청 패턴을 의미한다.

'시대의 표징'을 잘 살펴보고 그래서 온전한 자유로 이르는 길을 깨닫도록 요청하십시오. "모든 것을 분별하여, 좋은 것은 간직하여라"(1테살 5,21).

## 언제나 주님의 빛으로

169. 식별은 또한 우리가 심각한 문제를 해결하거나 중대한 결정을 내릴 때와 같이 특별한 시기에만 필요한 것이 아닙니다. 식별은 우리가 주님을 더욱 충실히 따르도록 도와주는 영적 투쟁의 도구입니다. 우리는 언제나 식별이 필요합니다. 우리가 하느님의 때와 그분의 은총을 깨달을 수 있으려면, 주님의 감도를 놓치지 않으려면, 또한 성장하라는 주님의 초대를 흘려버리지 않으려면 식별이 필요합니다. 식별은 흔히 중요해 보이지 않는 미소한 것들 안에서 이루어집니다. 위대한 것은 단순한 일상 현실에서 드러나기 때문입니다. 식별은 위대한 것, 가장 좋은 것, 가장 아름다운 것에

---

로욜라의 성 이냐시오의 무덤에는 생각해 볼 만한 비문이 있다. "신적인 것은 가장 큰 것에 의해 제약되지 않으면서도 가장 미소한 것에도 담긴다Non coerceri a maximo, contineri tamen a minimo divinum est."

한계를 정하지 않으면서도, 이와 동시에 작은 것, 오늘의 일에 온 정성을 쏟는 문제입니다. 이러한 이유로 저는 모든 그리스도인에게 날마다, 우리를 사랑하시는 주님과 대화하면서 진실한 '양심성찰'을 거르지 않도록 부탁합니다. 또한 식별은 주님께서 당신의 신비로운 사랑의 계획으로 우리에게 마련해 주시는 구체적 수단을 알아보고, 우리가 선의에만 머무르지 않게 합니다.


## 초자연적 선물

170. 확실히, 영적 식별은 인문학에서 비롯된 실존적, 심리적, 사회적, 도덕적 식견을 배제하지 않습니다. 그러나 동시에 영적 식별은 이러한 식견들을 초월합니다. 교회의 올바른 규범만으로 충분하지 않습니다. 식별은 은총이라는 것을 언제나 기억해야 합니다. 비록 영적 식별이 이성과 예지를 포함할지라도, 그것들을 뛰어넘습니다. 하느님께서 우리 각자를 위하여 마련하시고 매우 다양한 상황과 한계 가운데에서 이루어지는 유일하고 되풀이될 수 없는 하느님 계획의 신비를 엿볼 수 있기 때문입니다. 영적 식별은 나의 현

세 행복, 유용한 무언가를 성취하는 자기만족 또는 심지어 마음의 평화에 대한 나의 소망만을 의미하지 않습니다. 그것은 나를 아시고 사랑하시는 하느님 아버지 앞에서 내 삶의 의미와 그 누구보다도 하느님께서 잘 알고 계시는 내 삶의 진정한 목적과 관련된 것입니다. 궁극적으로 식별은 영원한 생명의 원천으로 이끕니다. 곧 "홀로 참하느님이신 아버지를 알고 아버지께서 보내신 예수 그리스도를 아는 것입니다"(요한 17,3). 아버지께서는 기꺼이 당신을 철부지들에게는 드러내 보이시니(마태 11,25 참조), 식별은 어떤 특별한 능력이나 더 뛰어난 지력이나 교육을 필요로 하지 않습니다.

171. 주님께서는 다양한 방식으로 일터에서 다른 사람들을 통하여 모든 순간마다 우리에게 말씀하십니다. 그러나 우리는 긴 침묵의 기도 없이는 알 수 없습니다. 이러한 기도는 하느님의 언어를 더 잘 깨닫고, 우리가 받았다고 믿는 영적 감도의 진정한 의미를 이해하며, 우리의 걱정을 잠재우고, 하느님의 빛으로 우리 존재 전체를 새롭게 보도록 합니다. 이렇게 하여, 우리는 성령으로 감도된 삶에서 비롯되는 새로운 통합을 이루어 낼 수 있게 됩니다.

172. 그럼에도, 심지어 바로 기도 안에서조차 우리는 당신께서 바라시는 대로 활동하시는 성령의 자유를 만나는 일을 거부할 수도 있습니다. 기도를 통한 식별은 주님과 다른 이들, 그리고 새로운 방식으로 언제나 우리에게 도전하는 현실 그 자체를 경청하려는 자세에서 출발해야 한다는 것을 기억해야 합니다. 우리가 경청할 준비가 되어 있을 때에만 우리는 우리 자신의 편파적이거나 부족한 생각, 평상시 습관과 사물을 보는 방식에서 벗어날 자유를 가질 수 있습니다. 이렇게 하여, 우리의 안전을 깨뜨릴 수 있지만 우리를 더 좋은 삶으로 이끄는 부르심을 참으로 열린 자세로 받아들일 수 있게 됩니다. 하느님께서는 우리에게 더 좋은 것을 주려고 하시지만 우리는 안락한 태만에 젖어 그것을 알아보지 못할 수도 있습니다.

173. 당연히, 이러한 경청의 자세는 궁극적 기준이 되는 복음에 대한 순종을 의미합니다. 또한 경청의 자세는, 복음을 수호하면서 교회의 보화 안에서 구원의 '오늘'에 가장 유익한 모든 것을 찾고자 하는 교도권의 가르침에 대한 순종을

의미합니다. 영적 식별은 규칙을 적용하거나 과거에 했던 것을 반복하는 것이 아닙니다. 동일한 해결책이 모든 상황에 유효하지는 않습니다. 어떤 상황에서는 유용하였지만 다른 상황에서는 그렇지 않을 수도 있기 때문입니다. 영의 식별은 완고함에서 우리를 자유롭게 합니다. 부활하신 주님의 영원한 '오늘' 앞에서 완고함의 자리는 없습니다. 성령께서만 홀로 모든 상황에서 모호하게 숨겨진 것을 꿰뚫어 보실 수 있으시고 그 모든 미묘한 차이를 이해하실 수 있기에, 복음의 새로움이 다른 빛으로 드러날 수 있습니다.

## 은총과 십자가의 논리

174. 식별을 증진하는 핵심 조건은, 결코 우리에게는 없는, 하느님의 인내심과 그분의 때에 대한 이해를 증진하는 것입니다. 하느님께서는 믿지 않는 자들을 불살라 버리지 않으시고(루카 9,54 참조), 열성적 종들이 가라지들을 거두어 내다가 밀까지 함께 뽑도록 허락하지도 않으십니다(마태 13,29 참조). "주는 것이 받는 것보다 더 행복하기에"(사도 20,35) 관용도 요구됩니다. 식별은 우리가 이 삶에서 더 많이 얻어 낼

수 있는 무언가를 발견하는 것이 아니라 세례 때에 우리에게 맡겨진 사명을 우리가 더 잘 수행할 수 있는 법을 깨닫는 것입니다. 이는 심지어 모든 것을 희생할지라도 기꺼이 희생할 자세를 포함합니다. 행복은 역설이기 때문입니다. 우리는 이 세상의 것이 아닌 신비로운 논리를 받아들일 때 이것을 가장 크게 체험합니다. 보나벤투라 성인은 십자가를 가리키며 "이것이 우리의 논리입니다"라고 말합니다. 우리가 일단 이러한 역동성에 들어가면, 우리는 우리 양심이 무뎌지지 않게 하고 식별을 위하여 우리 자신을 너그럽게 열게 될 것입니다.

175. 하느님 앞에서 우리 삶의 여정을 성찰할 때, 들어가지 못할 영역은 없습니다. 삶의 모든 측면에서 우리는 계속 성장할 수 있고, 심지어 우리가 가장 어렵게 여기는 영역에서도 하느님께 더욱 훌륭한 것을 봉헌할 수 있습니다. 그러나 우리는 성령께서 우리를 자유롭게 하시고 우리 삶의 특정 측면에서 그분을 가로막아 버리는 두려움을 몰아내 달라고 간청해야 합니다. 하느님께서는 우리의 모든 것을 요청하시

---

성 보나벤투라, 《6일간의 세계 창조에 대한 강연 *Sull'Hexaemeron*》, 1, 30.

지만, 또한 우리에게 모든 것을 주십니다. 하느님께서는 우리의 삶이 병들거나 축소되는 것을 원하셔서가 아니라, 우리의 삶에 충만함을 가져다주시고자 우리 삶에 들어오려고 하십니다. 그래서 식별은 유아기적인 자기 분석이나 개인주의적 자기 성찰의 형태가 아니라 자기 자신으로부터 참으로 벗어나 하느님 신비를 향하여 나아가는 과정입니다. 하느님께서는 우리 형제자매의 선을 위하여 우리에게 맡기신 임무를 수행하도록 우리를 도와주십니다.

Ⅰ. 성령께 귀 기울이기

**Ⅱ. 공동체적 역동성**

Ⅲ. 선교로 부르심

# 1. 신앙적 본능의 아름다움과 힘

성령은 세례 받은 모든 사람 안에서 활동합니다

교황 권고, 〈복음의 기쁨〉, 2013년 11월 24일

119. 세례 받은 모든 사람 안에서, 한 사람도 빠짐없이, 성령의 성화하는 힘이 작용하여 복음화를 재촉합니다. 하느님의 백성은 이 도유에 힘입어 거룩해집니다. 이는 **믿음에서in credendo** 오류가 없게 합니다. 비록 자신의 신앙을 표현할 말을 찾지 못하여도, 하느님 백성은 믿을 때 오류를 저지르지 않는다는 뜻입니다. 성령께서는 하느님 백성을 진리 안에서 이끄시어 구원에 이르게 하십니다.[1] 인류에 대한 당신 사랑의 신비의 일부로, 하느님께서는 신자들 전체에게 신앙의 본능, 곧 **신앙 감각sensus fidei**을 심어 주시어 무엇이 참으로 하느님의 것인지를 식별하도록 해 주십니다. 성령의 현존은 그리스도인들이 신적인 실재들과 어떤 공본성을 이루게 하십니다. 그리고 그들이 정확히 표현할 방법이 없더라

---

[1] 제2차 바티칸 공의회 - 교회에 관한 교의 헌장 〈인류의 빛*Lumen gentium*〉, 12항 참조.

도 그러한 실재들을 직관적으로 파악할 수 있게 하는 지혜도 주십니다.

## 열정과 노고를 기울이며 함께 걷기
세계주교대의원회의 제3차 임시총회 폐막 연설, 2014년 10월 18일

저는 담담하게 말할 수 있습니다. 우리 주교단은 단체성 collegialità과 **시노달리타스sinodalità** 정신으로 '시노드'의 여정을, 연대의 여정을, **함께하는 여정**을 진심으로 실천하였습니다.

그것은 '여정'이었습니다. 모든 여정과 마찬가지로 숨 가쁘게 달리는 순간이 있었습니다. 마치 시간을 정복하고 빨리 목표에 도달하려는 듯 말입니다. "이제 그만 됐다"라고 말하고 싶을 만큼 피곤한 순간도 있었습니다. 하지만 열

---

역자주: 시노달리타스(synodalitas, synodality)는 하느님의 뜻을 찾는 '식별'을 위해 모든 하느님 백성이 친교 안에서 함께 참여하고 경청하며 논의하는 여정의 구조와 정신을 담고 있다. '공동합의성', '공동 식별 여정', '함께 가기', '동반 여정' 등의 단어로는 '하느님 백성의 공동 여정'이라는 Synodalitas의 핵심적인 의미를 충분히 담을 수 없다는 데 동의한 한국천주교주교회의는, 2021년 추계 정기총회에서 '공동합의성'보다 '시노달리타스'라는 용어를 사용하기 시작했다.

정과 열기가 높았던 순간도 있었습니다. 신자들의 기쁨과 눈물을 가슴에 품은, 슬기롭고 참된 사목자들의 증언을 들으며(요한 10장 참조) 깊은 위로를 느낀 순간도 있었습니다. 시노드에 참여한 가족들의 이야기를 듣는 위로와 은총의 순간도 있었습니다. 그들은 혼인 생활의 아름다움과 기쁨을 우리와 함께 나눠 주었습니다. 강한 사람이 약한 사람을 도와야 한다는 것이 의무임을 느낄 수 있었던 여정이었고, 경험이 더 많은 사람이 다른 사람을 위해 봉사하도록 초대받는 여정이었습니다. 비록 대립이 있었을지라도 말입니다. 이 여정은 또한 인간의 여정이었기 때문에 위로와 함께 실망과 긴장, 유혹의 순간들도 있었습니다. […]

사랑하는 형제자매 여러분, 이 유혹 때문에 놀라거나 당황하거나 낙심해서는 안 됩니다. 왜냐하면 어떤 제자도 자기 스승보다 높지 않기 때문입니다. 예수님께서는 유혹을 받으셨고, 심지어 베엘제불이라고까지 불리셨습니다(마태 12,24 참조). 그분의 제자들은 더 나은 대우를 기대해서는 안 됩니다.

개인적으로 저는 이러한 유혹과 활기찬 토론이 없었다면 매우 걱정스럽고 슬펐을 것입니다. 그러한 유혹과 토론이 없는 상태는 이냐시오 성인이 말하는 영적 움직임이 일어나지 않는 상황입니다.[1] 즉 모두가 그저 찬성하거나 거짓되고 조용한 평화 속에서 침묵하는 상황입니다. 대신 저는 기쁨과 감사를 불러일으키는 믿음, 사목적이고 교의적인 열정, 지혜와 솔직함, 용기, 그리고 **담대함**parresia으로 가득 찬 토론과 발언을 보고 들었습니다. 그리고 저는 교회와 가정의 선익, **최상의 법**suprema lex, 그리고 **영혼들의 구원** salus animarum이 우리 눈앞에 아른거림을 느꼈습니다(《교회법》, 1752항 참조).[2] […]

이것이 바로 우리의 어머니인 교회입니다! 교회가 다양한 은사로 친교 안에서 자신을 표현한다면, 교회는 잘못될 수 없습니다. 이것이 바로 **신앙 감각**sensus fidei, 즉 성령께서 주시는 초자연적 감각의 아름다움이자 힘입니다. 신앙 감각으로, 우리는 함께 복음의 핵심으로 들어가 삶에서 예수님을 따르는 방법을 배울 수 있습니다. 이것이 혼란과 불화의 원인으로 간주되어서는 안 됩니다.

많은 비평가와 사람들은 한 편이 다른 편에 대항하며 분란의 양상을 보이는 교회를 상상했습니다. 심지어 그들은

---

[1] 《로욜라의 성 이냐시오 영신수련》, 6항.

[2] 역자주: 〈교회법〉의 마지막 조항인 1752항은 영혼들의 구원이 교회의 최상의 법이라고 말한다.

교회의 일치와 화합의 참된 촉진자요 보증인이신 성령까지 의심하였습니다. 그러나 그 성령께서는 바다가 거칠고 험할 때에도, 그리고 사목자들이 신실하지 못하고 죄인이었을 때에도 언제나 교회라는 배를 이끌어 오셨습니다.

## 2. 식별의 권위

### 성령께서 교회에 주신 은사인 식별에, 경청으로 응답합시다

2016년에 서품된 새 주교들에게 한 연설, 2017년 9월 14일

식별은 성령께서 **하느님의 거룩하고 신실한 백성**에게 주신 은총입니다. 성령께서는 당신 백성을 예언자적 백성으로 만드셨고, 그들에게 신앙 감각과 **교회와 함께하는 정신**sentire cum Ecclesia, 즉 교회와 함께 느낄 수 있는 영적 본능을 부어 주셨습니다. 식별은 하느님 백성이 받은 선물이자 그들의 구원을 지향합니다. 성령께서는 세례 때부터 이미 신자들의 마음속에 참으로 살고 계시기 때문에 사도적인 믿음, 축복, 의로움과 복음 정신은 그들에게 낯설지 않습니다.

    그러므로 주교들은 비록 피할 수 없는 개인적 책임을 지고 있지만,[1] 하느님 백성의 일원으로서, 언제나 교회의 역동성인 **친교**koinonia를 증진하는 데 봉사하는 목자로서 식

---

[1] 주교들의 사목 임무를 위한 지침 〈사도들의 후계자*Apostolorum Successores*〉 160-161항 참조.

별을 살아가도록 부름 받았습니다. 주교는 자급자족하는 '아버지이자 주인'도 아니며, 두렵고 고립된 '고독한 목자'도 아닙니다.

주교의 식별은 항상 **공동체적 행동**입니다. 왜냐하면 이 식별은 사제와 부제, 하느님 백성, 그리고 형식적인 참여가 아니라 구체적이고 유용한 도움을 주는 모든 이의 다양하고 풍요로운 의견을 수렴하기 때문입니다. "형제를 전혀 배려하지 않고 스스로 우월하다고 여길 때, 그 사람은 결국 하느님도 거슬러 교만으로 부풀어 오르는 것입니다."[1]

주교는 평화로운 대화 속에서 자신의 식별을 다른 사람들과 함께 나누며, 때로는 기존에 했던 식별을 수정하기를 두려워하지 않습니다. 주교는 성사적으로 일치된 **형제 주교단과 함께**, 주교단의 단체성을 바탕으로 식별합니다. 또한 **사제단과 함께** 식별하는데, 이때 주교는 강요가 아니라 장인匠人의 인내와 지혜로 엮인 일치의 보증인이 됩니다. 그리고 주교는 **평신도와 함께** 식별합니다. 그들은 교회 안에 살아 있는 신앙의 참된 무류성에 대한 감각을 지녔기 때

---

[1] 가자의 도로테우스 Doroteo di Gaza, *Comunione con Dio e con gli uomini*, Edizioni Qiqajon, Magnano (BI), 2014, 101-102쪽.

문입니다. 그들은 하느님께서 당신의 사랑을 거두지 않으실 뿐만 아니라 당신의 약속을 저버리지 않으신다는 것을 알고 있습니다. […]

여러분의 사명은 자신의 생각이나 계획을 제시하는 것이 아닙니다. 또한 교회를 자기 집 정원 정도로 여기는 사람들이 제시하는 추상적인 해결책도 아닙니다. 오히려 겸손하게, **관심 끌기나 자기도취에 빠지지 않고,** 하느님과 일치해 있다는 구체적인 증거를 제시하며 복음을 섬기는 것입니다. 복음은 어떠한 상황에서도 이 증거가 자라고 성장하도록 도와줍니다.

그러므로 식별은 **겸손과 순명**을 의미합니다. 우리는 자신의 계획에 겸손해야 합니다. 또한 궁극적 기준인 복음에, 복음을 수호하는 교도권에, 복음에 봉사하는 보편 교회의 규범에, 그리고 사람들이 처한 구체적인 상황에 순명해야 합니다. 우리는 사람들의 구원을 위해 가장 유익한 것을 교회의 보화에서 찾아내는 것 외에는 아무것도 바라지 않습니다(마태 13,52 참조).

식별은 '항상 그렇게 해 왔어' 또는 '시간을 갖고 지켜보자'와 같은 복지부동의 태도에 대한 치료제이고, 어떠한 계획을 적용하는 데 제한을 받지 않는 창의적인 과정입니다. 동일한 해결책이 모든 곳에 일괄적으로 유효하지 않기 때문에, 식별은 경직성에 대한 해독제이기도 합니다. 부활하신 분의 영원한 '오늘'이신 성령께서는, 과거가 되풀이됨에 체념하지 말고 과거의 제안이 여전히 복음적으로 유효한지 자문할 용기를 가지라고 요구하십니다. 모든 경우에 적용할 수 있는 단 하나의 해답을 찾으려는 향수에 자신을 가두지 마십시오. 이는 성과를 내야 한다는 우리의 불안을 잠재울 수 있을지는 몰라도, 우리를 주변부로 내쫓고, 은총으로 젖어 들어야 할 삶을 '시들어 말라 버린' 것으로 전락하게 만들 것입니다(마르 3,1-6; 에제 37,4 참조).

저는 여러분에게 **하느님 백성의 문화와 종교성**에 대한 특별한 감수성을 가질 것을 부탁드립니다. 그것은 견뎌야 할 대상도 아니고, 단순히 조작할 수 있는 도구도 아닙니다. 신앙의 우월한 추론과 개념의 고상한 살롱에 어울릴 수 없기에 항상 숨겨야 할 '신데렐라'도 아닙니다. 오히려 이를 돌보며 대화하는 것이 필요합니다. 왜냐하면 이는 사람들의 자기 이해를 보호하는 토대일 뿐만 아니라 복음화의 진정한 주제이기 때문입니다. 여러분은 식별할 때 이를 간과해서는 안 됩니다. 신자 공동체에 주어진 그러한 은사는 사목자들이 행하는 일상적인 식별의 길에서 마주하게 되고, 우리에게 도전을 하며, 영향을 끼칠 수밖에 없습니다.

　　하느님께서는 여러분이 각자의 교구에 도착했을 때 이미 거기에 계셨고, 주교직을 마치고 떠날 때도 여전히 그 교구에 계실 것임을 기억하십시오. 결국 우리는 모두 자신이 행한 일에 따라서가 아니라, "우리 영혼의 목자이시며 보호자이신"(1베드 2,25 참조) 분의 이름으로 지키는 양 떼의 가슴에서 하느님의 일이 얼마나 성장했는지에 따라 평가될 것입니다.


## 우리는 홀로 나아가지 않습니다

시카고대교구 먼델라인Mundelein 신학교에서 열린 피정에 참석한 미국 주교단에게 보낸 편지, 2019년 1월 1일

새로운 시기를 살아가는 교회가 필요로 하는 사람은 단순한 행정가가 아니라, 신자들에게 당신 백성의 역사 속에 살아 계신 하느님의 현존을 식별하는 방법을 가르칠 수 있는 주교입니다. 여러 아이디어가 논의될 수 있겠지만, 무엇보다도 중요한 상황이 식별되어야 합니다. 따라서 우리 공동체가 겪는 영적 실망과 혼돈 속에서, 우리의 의무는 식별에 도움이 되는 공통의 정신을 찾는 것입니다. 인위적으로 균형

을 맞추려고 하거나, 일부는 승리하고 일부는 패배하는 민주적 투표로 평온을 추구하는 것이 아닙니다. 네, 그런 평온을 추구하는 것이 아닙니다! 무엇보다 이것은 우리에게 맡겨진 백성들이 절망을 느끼거나 영적 고아가 되었다고 여기지 않도록 그들을 보호하는, 즉 현재 상황을 부성애적으로 대처하는 방식이라 할 수 있습니다.[1] 이 방식은 우리가 험난한 현실에 인질로 잡히지 않으면서도 내면으로는 현실이 무엇인지 파악하며 들으려 노력하게 하고, 현실에 더 깊이 몰입할 수 있게 합니다. […]

우리가 경험하는 한계에 대한 개인적·공동체적 인식은 요한 23세 성인의 "권위는 더 우월한 타자에 대한 복종에서 면제된다고 생각하지 말아야 한다"라는 말씀을 상기시킵니다.[2] 식별하고 공동선을 추구하는 길에서 이러한 인식이 동시에 고려되어야 합니다. 공동체를 위한 요청이 없는 믿음과 의식은 '칸트의 초월론'과 다름없기에, 결국 '그리스도 없는 신, 교회 없는 그리스도, 하느님 백성 없는 교회'의 선포로 귀결될 것입니다. 그리고 개인 생활과 교회 생

---

[1] 호르헤 베르고글리오Jorge M. Bergoglio(프란치스코 교황의 본명), *Las cartas de la tribulación*, 12항 참조, Diego De Torres 편저, 1987.

[2] 요한 23세, 〈지상의 평화*Pacem in terris*〉, 47항(역자 번역).

활 사이의 대립, 순수한 사랑의 하느님과 고통받는 그리스도의 육체 사이의 거짓되고 위험한 대립을 드러낼 것입니다. 더 나쁜 위험은 하느님을 특정 그룹의 '우상'으로 만들 수 있다는 것입니다. 교회의 교도권과 오랜 전통, 그리고 보편적 친교에 대한 지속적인 언급은 교회 내의 어느 한 집단, 역사적 시기 또는 문화를 절대화하는 특정주의로부터 신자들을 구출합니다. 우리의 보편성은 사목자로서 서로 경청하고, 도움을 주고받으며, 함께 일하고, 그리스도를 따르는 데 도움이 되는 다른 그리스도교 종파의 풍요로움을 받아들이는 법을 배우는 우리의 능력에 달려 있습니다. 교회의 보편성은 단순히 교리나 법의 문제로 축소될 수 없습니다. 오히려 그것은 우리가 외로운 순례자가 아님을 상기시켜 줍니다. "한 지체가 고통을 겪으면 모든 지체가 함께 고통을 겪습니다"(1코린 12,26).

비록 이미 벌어진 많은 일에 깊은 당혹감과 고통을 느끼지만, 끊임없이 회개해야 하는 죄인으로서의 공동체 의식은 우리 하느님 백성과 정감적 친교를 나눌 수 있게 해 줍니다. 이 공동체 의식은 거짓되고 성급하고 무익한 승리주의를 추종하는 데서 우리를 해방시킬 것입니다. 승리주의는 과정을 다시 시작하게 하기보다 개인 공간을 확보하라고 외쳐 댑니다. 공동체 의식은 우리가 일어난 일의 규모와 영향에 현실적으로 접근하고 이해하지 못하게 하는 무감각한 마비 상태에 있지 않도록 보호할 것입니다. 다른 한편, 우리 시대 사람들의 마음을 더 이상 움직이지 못하는 굳어 버린 표현이나 헛된 선험주의에 얽매이지 않도록 적절한 방법을 찾는 데 도움이 될 것입니다.

우리 백성이 느끼는 감정과 그들의 낙심한 마음을 어루만지는 정감적 친교는, 주교들이 진부하게 반응하거나 방어적으로 행동하지 않으면서 공동의 영적 부성애를 실천하도록 재촉합니다. 또한 영적 실망에 처했던 예언자 엘리야처럼 하느님의 말씀에 귀를 기울이는 법을 익히게 합니다. 주님의 음성은 폭풍우나 지진 속에서 찾을 수 있는 것이 아니라, 현재 상황의 고통을 고백하고 다시금 주님의 말씀에 의탁하고 도움을 청하는 마음의 고요 속에서 찾을 수 있습니다(1열왕 19,9-18 참조).

이러한 태도는 우리가 관계를 맺는 방식에서 상대를 폄훼하고, 평가 절하하며, 희생양으로 삼고, 비난하는 방식을 포기하고 복음만이 줄 수 있는 부드러운 바람이 불어

---

[1] 바오로 6세, 〈주님의 교회〉, 39항.

올 여지를 마련하는 결단을 요구합니다. "마지막으로, 진심으로 아파하고 기도하면서 우리의 한계를 인정하지 않으면, 은총이 우리 안에서 더 효과적으로 작용하는 것을 막아 버리는 것입니다. 진실되고 참된 성장의 여정을 이루는 그 잠재적인 선을 불러일으킬 여지가 남아 있지 않기 때문입니다."[2] 우리의 모든 노력은 우리의 한계와 죄를 기도 안에서 부끄럽게 받아들이게 하고, 대화와 토론 그리고 식별의 길을 추구하게 합니다. 또한 그 노력은 험담과 비방을 피하게 하여 상호 비방, 깎아내리기, 명예 훼손이라는 악순환의 고리를 끊어 버리게 합니다. 이런 노력은 우리 백성들과 우리의 선교가 요구하는 화해와 신뢰를 일깨우고 북돋는 복음의 길을 찾도록 우리를 준비시킬 것입니다. 만일 우리가 일치를 가로막는 우리 자신의 혼란과 불만을 다른 사람에게 투사하기를 멈추고,[3] 함께 모여 주님 앞에 무릎을 꿇고 그분의 상처를 마주한다면, 우리는 그 상처 안에서 드러나는 세상의 상처를 볼 수 있습니다. 예수님께서는 우리에게 이렇게 말씀하실지 모릅니다. "너희도 알다시피 통치자라는

---

[2] 프란치스코, 〈기뻐하고 즐거워하여라〉, 50항.

[3] 프란치스코, 〈복음의 기쁨〉, 96항 참조.

2. 식별의 권위

자들은 백성 위에 군림하고, 고관들은 백성에게 세도를 부린다. 그러나 너희는 그래서는 안 된다"(마르 10,35-45 참조).

## 개인의 양심과 주교단의 단체적 책임
교황청 주교성 회의에서 한 연설, 2014년 2월 27일

어려운 식별 끝에, 사도들은 "모든 사람의 마음을 아시는 주님, 이 둘 가운데에서 주님께서 뽑으신 한 사람을 가리켜 주십시오"라고 기도하고(사도 1,24) '제비를 뽑습니다'(사도 1,26). 우리는 사도직 현장의 분위기와 우리가 선택한 진정한 저자인 주님에게서 배워야 합니다. "주님, 저희에게 당신을 보여 주십시오!" 기도를 멀리하지 맙시다. 하느님께서 주도권을 가지시도록 하는 것이 언제나 가장 중요합니다. 우리의 선택이 '파벌', 조직 또는 헤게모니에 의해 좌우지되거나 우리의 요구를 따라서는 안 됩니다. 하느님의 주도권을 보장하기 위해서는 두 가지 근본적인 태도가 필요합니다. 곧, 하느님 앞에 선 자기 **양심**의 재판소와 **주교단의 단체성**입니다. 이것이 하느님의 주도권을 보장합니다.

교황청 대사직에서 고위 성직자, 회원들과 장상들의

업무에 이르기까지, 우리들의 복잡한 일을 시작하는 첫 단계부터 하느님 앞에서 우리의 양심과 주교단의 단체적 투신, 이 두 가지 태도는 필수적입니다. 그것은 마음 내키는 대로 하는 것이 아니라 함께 식별하는 것입니다. 어느 누구도 모든 것을 손에 쥘 수 없습니다. 우리 각자는 겸손과 정직으로 하느님께 속한 모자이크 안에 각자의 조각을 붙여 넣어야 합니다.

이 근본적인 비전은 우리가 연안만 항해하는 좁은 뱃길을 포기하고 하느님 교회의 커다란 해로를 따르도록 다그칩니다. 하느님의 구원의 우주적 지평을, 말씀과 사도직 안에 확고히 자리 잡은 그분의 나침반을, 우리를 안전한 항구로 데려갈 확실한 성령의 숨결을 따르도록 재촉합니다.

### 인류의 발치에서

세계여자수도회장상연합회UISG 정기총회에서 한 연설,
2022년 5월 5일

여러분은 수도회의 삶에 활력을 불어넣고 공동체의 식별에 동반해야 하는 특별한 사명을 받았습니다. 저는 여러분이 최후의 만찬 때 예수님께서 제자들의 발을 씻어 주시는 장면을 기억하며, 교회의 이 길을 되짚어 걸으면서 '봉사하는 권위'를 살아가도록 초대합니다.

때로는 받아들이기 어렵지만, 오늘날 수도 생활은 그 취약성을 인지하고 있습니다. 우리는 회원 수도 많았고, 수도 생활이 사회적인 영향력을 가지면서, 우리의 사도직이 이목을 끌었던 과거에 익숙해져 있었습니다. 지금 겪는 위기는 우리가 부서지기 쉬운 존재임을 느끼게 하고, 이제는 더욱 소수 집단이 되어 가는 것을 받아들이도록 초대합니다. 이 모든 것은 아버지와 인류를 향한 하느님 아들의 태도, 즉 스스로 종의 신분을 취하는 자세로 돌아가도록 우리를 초대합니다. 이것은 노예 상태가 아닙니다. 자신을 낮추는 것은 자신의 상처와 무질서한 삶으로 되돌아가는 것이 아니라, 베드로 사도처럼 예수님께 관계의 문을 열어 다시 자신을 합당한 사람이 되게 하고 치유되는 교류를, 예수님과 새로운 여정을 시작하는 것입니다.

이처럼 하느님의 아들이 인류의 발치에 강생하여 머물고자 하는 곳은 신학적 공간이며, 우리 또한 그곳에 자리를 잡아야 합니다. 그러므로 우리의 소명이 예수님의 발자취를 '가까이' 따르는 것이라면, 역사와 성령께서 교회와 수도 생활을 그 자리에 다시 자리 잡게 할 때마다 이는 우리에게 기쁨과 성장의 원천이 될 것입니다. 또한 이는 우리에게 활력을 불어넣는 영감의 원천이 됩니다. 우리 각자는 그곳에서, 그리고 그 아래에서 자신의 은사와 역사를 다시 읽을 수 있기 때문입니다. 이러한 태도는 언제나 수도 생활을 환히 밝혀 주었습니다. 베드로처럼, 베드로와 함께, 이제 우리는 스스로가 취약한 존재임을 인식한 뒤, 봉헌 생활을 하는 사람으로서 자신을 낮춰야만 하는 새로운 취약함이 무엇인지 자문하도록 부름 받았습니다.

시대의 징표에 비추어 볼 때 성령께서 우리에게 요구하시는 사도직은 무엇입니까? 봉사하는 권위를 살아가는 우리의 방식에 어떤 변화가 필요합니까? 회원들에게 상처를 주지는 않지만 그들의 성장을 가로막는 권위를 복음화하기 위해 우리는 어떻게 일해야 하겠습니까? 권위를 복음적으로 행사할 수 있는 새로운 방법과 사도직을 찾는 것을 두려워하지 마십시오. 그리고 이 새로운 탐색이 단순히 이론이나 이념에 근거하지 않게 하십시오. 이념은 복음을 망가뜨리기 때문입니다. 다만 상처받은 인류의 발치에 다가가 상처 입은 형제자매와 함께 걸어가는 것에서 시작하기를, 무엇보다 여러분 공동체의 자매들과 함께 시작하기를 바랍니다.

# 3. 동반하는 공동체

## 교회는 식별하는 능력을 키워야 합니다

폴란드 예수회 회원들과의 만남, 2016년 7월 30일[1]

오늘날 교회는 식별하는 능력을 키울 필요가 있습니다. 특히 사제들은 더욱 그러합니다. 그들은 사목을 위해 식별의 능력이 절실히 필요하며, 그러기에 우리는 신학생들과 양성 중인 사제들에게 식별을 가르칠 필요가 있습니다. 신자들은 보통 사제를 믿고 그들의 양심을 의탁하기 때문입니다. 영적 지도는 사제뿐 아니라 평신도의 은사이기도 합니다. 그러나 거듭 말씀드리지만, 무엇보다도 이 은사를 사제들에게 가르쳐야 하며, 규칙을 존중하면서도 그 규칙을 넘어서는 사목적 식별의 역동성 안에서 영신수련의 정신에 따라 그들을 도와주어야 합니다. 이것이 예수회의 중요한 임무입니다. […]

미래의 사제들은 일반적이거나 추상적인 생각이 아니

---

[1] 〈라 치빌타 카톨리카*La Civiltà Cattolica*〉, No. 3989, 345-349쪽. https://www.laciviltacattolica.it/articolo/oggi-la-chiesa-ha-bisogno-di-crescere-nel-discernimento-un-incontro-privato-con-alcuni-gesuiti-polacchi/

라, 영의 미세한 움직임을 명확하고 뚜렷하게 식별하도록 양성되어야 합니다. 그래야 신자들의 구체적인 삶을 진정으로 도와줄 수 있기 때문입니다. 인생을 이분법적 관점으로만 볼 수 없습니다. 인생의 모든 것을 흑백으로만 구분할 수는 없습니다! 인생에는 회색빛이 더 많습니다. 그러므로 이 회색의 영역에서 식별할 수 있도록 가르치는 것이 필요합니다.

## 삶에 대처할 도구를 제공하기

사제들과 수도자들에게 한 연설, 밀라노, 2017년 3월 25일

사목자로서 피할 수 없는 선택이 있습니다. 바로 식별을 훈련하는 것입니다. 겉보기에 반대되는 것처럼 보이거나 실제로 반대되는 것들을 식별해 낼 때, 어떤 것이 성령에게서 오는 긴장이나 대립이고 또 어떤 것이 악한 영에게서 오는지 알 수 있습니다. 그래서 식별을 배우는 것입니다. 여러분이 저에게 질문하고 말씀하셨듯이, 다양성은 매우 까다로운 시나리오를 제공합니다. 우리가 살아가면서 마주치는 과잉의 문화는 여러 가능성의 지평을 펼쳐 놓으며, 그 모든 가능성

이 옳고 좋은 것이라고 제시합니다. 우리 젊은이들은 재핑 zapping에 끊임없이 노출되어 있습니다. 그들은 화면을 두세 개씩 놓고 검색하며, 다양한 가상현실 속에서 동시에 상호 작용을 합니다. 좋든 싫든 이것은 그들이 살아가는 세상이고, 이 세상에서 그들이 잘 살아가도록 돕는 것이 사목자로서 우리의 의무입니다. 그러므로 그들에게 식별을 가르치는 것이 좋다고 확신합니다. 이는 그들 안에 계시는 성령의 불이 꺼지지 않게 하고, 그들이 생명의 길을 걸어가는 데 도움을 주는 도구와 요소를 갖추게 하기 위함입니다. 선택의 여지가 없거나 그리 많지 않은 세상에서는 상황이 더 명료해 보일지도 모르겠습니다. 그러나 오늘날 우리 신자들과 우리 자신도 이러한 과잉 문화라는 현실에 노출되어 있으므로, 교회 공동체로서 우리도 식별하는 습관을 키워야 한다고 저는 확신합니다. 이것은 도전이며, 식별의 옷을 입는 법을 배우기 위해서는 식별의 은총이 필요합니다. 어린이부터 어른까지 모두에게 필요한 은총입니다. 우리가 어린아이였을 때에는 부모님이 우리에게 무엇인가 하라고 지시하기가 쉬웠고 그래도 괜찮았습니다. 그러나 이제는 그리 쉽지 않습니다. 요즘 세상은 어떤지 잘 모르겠지만 제가 어렸을 적에는 쉬운 일이었습니다. 여하튼 어린아이에게 지시하는 것은 더 쉽습니다. 그러나 우리는 점점 성장하며, 겉보기에 모두 옳아 보이는 수많은 목소리 가운데 놓입니다. 그 속에서 무엇이 우리를 죽음의 문화가 아닌 부활과 생명으로 이끄는지 식별하는 것이 중요합니다. 이것이 제가 식별의 필요성을 그토록 강조하는 이유입니다. 그것은 교리 교육의 도구이자 삶을 위한 도구이기도 합니다. 교리 교육과 영적 지도, 강론을 통해 우리는 사람들에게, 젊은이들과 아이들과 어른들에게 식별을 가르쳐야 합니다. 무엇보다도 그들이 식별의 은총을 청하도록 가르치십시오.

## 가장 먼저 경청을 배워야 합니다

교황 권고, 〈그리스도는 살아 계십니다〉, 2019년 3월 25일

291. 젊은이들의 성소 식별에 동반할 수 있는 이들로는 사제, 수도자, 평신도, 전문가, 그리고 자질을 갖춘 젊은이들이 있습니다. 다른 이들이 인생의 행로를 식별하도록 도울 때, 가장 중요한 것은 경청입니다. 이러한 경청에는 구별되면서도 보완적인 세 가지 감각 또는 배려가 필요합니다.

292. **첫 번째 감각** 또는 배려는 **개인**을 향합니다. 이는, 말을 하면서 자기 자신을 공유해 주는 이에게 귀 기울이는 것입니다. 이러한 경청의 표지는 우리가 다른 이를 위하여 내주는 시간입니다. 이는 우리가 얼마나 많은 시간을 할애하느냐 하는 문제가 아닙니다. 그 시간에 내가 그와 온전히 함께한다는 것을 상대방이 느끼게 해 주는 것이 중요합니다. 이는 상대방이 하고 싶은 말을 다 하는 데에 필요한 시간입니다. 내가 아무 조건 없이 그의 말을 듣고 있음을 상대방이 느낄 수 있어야 합니다. 그의 말에 내가 감정이 상하거나 놀라거나 성가셔하거나 지루해하지 않으면서 기꺼이 들어주고 있음을 그가 느낄 수 있어야 합니다. […]

293. **두 번째 감각** 또는 배려는 **식별**입니다. 이는 어디에 은총이 있고 어디에 유혹이 있는지 정확히 파악하려 하는 것입니다. 우리의 뇌리를 스치는 것들은 우리를 참다운 길에서 멀어지게 하는 유혹에 불과한 경우가 태반이기 때문입니다. 여기에서 이렇게 자문해 보아야 합니다. '상대방이 지금 나에게 말하고자 하는 것은 무엇인가?', '저 사람은 자기 삶에 일어나고 있는 일 가운데 어떤 것을 내가 이해해 주기를 바라는가?' 이러한 물음들은 내가 상대방의 생각과 그

정서적 파장을 이해하는 데에 도움이 됩니다. 이러한 경청은, 우리에게 주님의 진리를 제시해 주시는 좋으신 성령의 구원 말씀을 식별하게 해 줍니다. 그러나 이러한 경청은 악한 영의 올가미, 악한 영의 기만과 감언이설도 식별하게 해 줍니다. 무엇이 진리이고 무엇이 기만이나 술수인지 상대방이 구별할 수 있게 도우려면, 용기와 애정과 기지가 필요합니다.

294. **세 번째 감각** 또는 배려는 상대방을 이끌어 나가는 **추진력이 무엇인지 파악**하는 능력입니다. 이는 깊이 있는 경청을 요구합니다. 곧, 그 사람이 참으로 나아가고자 하는 방향이 어디인지 식별할 수 있는 경청이 필요합니다. 그가 바로 지금 느끼고 생각하는 것과 지금까지 그의 삶에 일어난 모든 일을 떠나, 그가 진정 되고자 하는 것이 무엇인지에 주의를 기울이는 것입니다. 이는, 그 사람이 자신의 피상적인 바람이나 열망을 바라보는 것이 아니라, 오히려 주님께서 가장 좋아하시는 것이 무엇인지, 자기 삶을 위한 주님의 계획이 무엇인지를 살필 것을 요구합니다. 삶을 위한 주님의 계획은 그의 피상적인 취향이나 감정들 너머에 있는 마음의 깊은 이끌림 안에서 나타납니다. 이러한 경청은 삶의

의미를 결정짓는 궁극적인 지향에 주의를 기울이는 것입니다. 예수님께서는 마음의 이 궁극적인 지향을 아시고 소중히 여기십니다. 그래서 예수님께서는 언제든 우리 각자가 이를 깨닫도록 도와주십니다. 우리는 그분께 이렇게 말씀드리기만 하면 되는 것입니다. "주님, 저를 구하소서! 저에게 자비를 베푸소서!" […]

297. "시간은 공간보다 위대하기" 때문에, 우리는 우리 자신의 이정표를 강요하지 말고 여정에 함께하며 격려해 줄 필요가 있습니다. 그러한 여정은, 언제나 자유롭고 유일무이한 사람들의 것이기 때문입니다. 모든 표지가 긍정적으로 여겨질 때에도 쉬운 길은 없습니다. "긍정적인 요소들이라도 면밀하게 분별해 내는 작업을 거치도록 함으로써 각 요소들이 마치 자기만 옳다고 다투는 사람들처럼 서로 화합하지 못한 채 마찰을 일으키지 않도록 해야 합니다. 이것은 부정적인 요소의 경우에도 마찬가지입니다. 부정적인 요소라고 해서 무조건 거부하기만 해서는 안 됩니다. 그 속에는 저마다 우리가 미처 발견하지 못한 어떤 가치, 곧 누군가 자

---

[1] 프란치스코, 〈복음의 기쁨〉, 222항.

신을 그 어두운 곳에서 꺼내서 본래의 충만한 진리를 완전히 되찾아 주기를 학수고대하고 있을 그 어떤 가치가 들어 있을지도 모르기 때문입니다."

## 동반을 위한 식별하기, 식별을 위한 동반하기
교황 권고, 〈사랑의 기쁨〉, 2016년 3월 19일

242. 시노드 교부들은 다음과 같이 말하였습니다. "별거한 이들, 이혼한 이들, 버림받은 이들과 사목적으로 함께하는 데에는 특별한 식별이 반드시 필요합니다. 무엇보다도 부당한 별거나 이혼을 당하거나 버림을 받은 이들, 또는 배우자의 학대로 함께 살 수 없게 된 이들의 고통을 받아들이고 이해해야 합니다. 자신이 겪은 불의를 용서하는 것이 쉽지 않지만, 은총은 이 길을 가능하게 합니다. 그래서 교구에 특별 상담 센터를 세워서라도 화해와 중재를 위한 사목이 필요한 것입니다." 또한 "흔히 혼인의 신의를 증언하는, 이혼

---

[2] 요한 바오로 2세, 교황 권고 〈현대의 사제 양성〉, 10항.
[3] 세계주교대의원회의 제3차 임시총회, 〈시노드 보고서 *Relatio Synodi*〉(이하, 2014 〈시노드 보고서〉), 2014년 10월 18일, 47항.

하고 나서 재혼하지 않은 이들은 성찬례 때에 그들의 삶의 형태를 지탱해 주는 양식을 찾도록 격려받아야 됩니다. 지역 공동체와 목자들은 이들을 잘 돌보아야 합니다. 특히 그들이 자녀가 있거나 궁핍한 상황에 놓여 있는 경우에는 더욱 그러합니다."[1] 가정의 붕괴는 가난한 이들의 경우에 훨씬 더 충격적이고 고통스러운 일이 됩니다. 그들은 새로운 삶을 시작하기 위한 자원이 훨씬 적기 때문입니다. 안전한 가정 환경을 상실한 가난한 이들은 버림받을 뿐만 아니라 그 자신의 존엄이 모든 종류의 위험에 노출될 가능성이 있습니다.

243. 이혼하고 새로운 결합을 맺은 이들이 여전히 교회에 속해 있다고 느끼도록 해 주는 것이 중요합니다. "그들은 파문당하지 않았습니다."[2] 그래서 그들을 파문당한 것처럼 대해서는 안 됩니다. 그들은 언제나 교회 공동체에 속하기 때문입니다. 이러한 상황들은 "주의 깊은 식별이 필요하고, 깊은 존중의 마음으로 그들과 함께해야 합니다. 그들이 차별

---

[1] 2014 〈시노드 보고서〉, 50항.
[2] 프란치스코, 2015년 8월 5일 수요일 일반 알현 교리 교육 참조.

을 느끼도록 하는 언행을 삼가고 공동체 생활에 참여하도록 도와야 하는 것입니다. 그들을 돌본다고 해서 그리스도인 공동체의 신앙과 혼인의 불가해소성에 대한 증언이 약화되는 것이 아니라, 오히려 그리스도인 공동체의 사랑이 드러나게 됩니다."[3] […]

300. 제가 앞에서 언급한 것과 같은 구체적인 상황들의 엄청난 다양성을 고려해 보면 세계주교대의원회의나 이 후속 권고에서, 모든 경우에 적용될 수 있는 일종의 교회법과 같은 새로운 일반 규범을 기대할 수 없다는 것을 이해할 수 있습니다. 개별 상황에 대한 책임 있는 개인적 사목적 식별을 다시 한번 촉구할 수 있을 뿐입니다. "모든 경우마다 따르는 책임이 다르기"[4] 때문에 이러한 식별에서 규정의 결과나 효과가 늘 동일하지는 않다는 것을 깨달아야 합니다.[5]

---

[3] 2014 〈시노드 보고서〉, 51항; 세계주교대의원회의 제14차 정기총회, 〈최종 보고서 *Relatio Finalis*〉(이하, 2015 〈최종 보고서〉), 84항 참조.

[4] 2015 〈최종 보고서〉, 51항.

[5] 이는 성사 규율에 관한 경우에도 그러하다. 식별은 개별 상황에서 중대한 실수가 존재하지 않는다는 것을 인정할 수 있다. 그러한 경우에 다른 문서에서 나오는 것을 적용한다. 〈복음의 기쁨〉, 44항, 47항 참조.

3. 동반하는 공동체

사제들은 "(이혼한 뒤 재혼한 이들과) 동행하며 그들이 교회의 가르침과 주교들의 지침에 따라서 자신의 상황을 이해할 수 있도록 도움을 줄" 의무가 있습니다. "이러한 과정은 반성과 참회의 시간을 통하여 양심성찰을 하는 데에 도움이 될 것입니다. 이혼한 뒤 재혼한 이들은 다음과 같이 자문해 보아야 합니다. '부부의 사랑이 위기에 처했을 때 자녀들에게 어떻게 행동하였는가?', '화해하려고 노력하였는가?', '내가 버린 배우자는 어떻게 살고 있는가?', '새로운 관계를 맺은 것이 나머지 가족들과 신자 공동체에 어떤 영향을 미치는가?', '혼인을 준비하고 있는 젊은이들에게 어떠한 모범을 보여 줄 것인가?' 참된 성찰은 그 누구도 거절하지 않으시는 하느님의 자비에 대한 믿음을 굳건히 할 수 있습니다."[1] 우리가 말하는 것은 동반과 식별의 과정입니다. 이는 "신자들이 하느님 앞에서 자신의 상황을 깨닫도록 이끌어 줍니다. 내적 법정[2]에서 사제와 나누는 대화는 교회 생활에 대

---

[1] 2015 〈최종 보고서〉, 85항.

[2] 역자주: 교회는 교회 공동체의 공동 선익을 위하며 개개 신자들의 영혼의 선익을 돌보기 위해서도 필요하고, 내적이거나 외적인 영역에 통치권을 행사할 수 있다. 그러한 통치권의 특성을 반영하여 교회법은 내적 법정과 외적 법정으로 나누어 고찰한다. 고해성사, 영적 지도와 같이 양심과 관련하여 공적으로 알려지지 않은 영역을 내적 법정, 그밖에 공적으로 알려졌거나 알려질 수 있는 영역을 외적 법정이라 일컫는다.

한 더욱 온전한 참여를 방해하는 것과 그러한 참여를 증진하고 발전시킬 수 있는 단계에 대하여 올바른 판단을 내리는 데에 도움이 됩니다. 법 자체가 점진성을 지니고 있지 않기에,[3] 이러한 식별은 결코 복음, 곧 교회가 제안하는 진리와 사랑의 요구와 분리될 수 없습니다. 이러한 식별을 위해서 다음의 조건들이 반드시 필요합니다. 겸손, 신중함, 교회와 교회의 가르침에 대한 사랑, 진심으로 하느님 뜻을 찾기, 하느님의 뜻에 더욱 맞갖게 응답하고자 하는 바람입니다."[4] 사제가 쉽게 '예외'를 허용할 수 있다고 생각하거나, 어떤 이들이 자신이 교회에 좋은 일을 하였다는 것을 빌미로 성사적 특전을 받을 수 있다고 생각하는 것과 같은 매우 위험한 오해를 피하게 하려면 이러한 마음가짐이 반드시 필요합니다. 교회의 공동선보다 자신의 바람을 더 앞세우지 않는 책임 있고 지혜로운 사람이 당면 문제의 심각성을 알아볼 수 있는 목자와 만날 때, 구체적인 식별은 사람들이 교회가 이중의 잣대를 지니고 있다고 생각하도록 이끄는 위험에 빠지지 않게 할 수 있습니다.

---

[3] 요한 바오로 2세, 〈가정 공동체 *Familiaris consortio*〉, 34항, 1981년 11월 22일 참조.
[4] 2015 〈최종 보고서〉, 86항.

I. 성령께 귀 기울이기

II. 공동체적 역동성

III. 선교로 부르심

# 1. 식별과 선교

## 선교와 회개

교황 권고, 〈복음의 기쁨〉, 2013년 11월 24일

20. 하느님의 말씀은 하느님께서 믿는 이들에게 '출발'하도록 어떻게 촉구하시는지 보여 줍니다. 아브라함은 새로운 땅을 향하여 떠나라는 부르심을 받아들입니다(창세 12,1-3 참조). 모세는 "내가 너를 보낸다"(탈출 3,10)는 하느님의 부르심을 듣고 백성을 이끌고 약속된 땅으로 출발합니다(탈출 3,17 참조). 하느님께서는 예레미야에게 "너는 내가 보내면 누구에게나 가야 한다"(예레 1,7)고 말씀하십니다. 오늘날, '가라'고 하신 예수님의 명령은 변화하는 상황들과 교회의 복음화 사명에 언제나 새로운 도전이 됩니다. 우리는 모두 선교를 향한 이 새로운 '출발'로 부름 받고 있습니다. 모든 그리스도인과 공동체는 주님께서 가리키시는 그 길을 잘 식별해야 합니다. 우리는 모두 자신의 안위를 떠나 용기를 갖고 복음의 빛이 필요한 모든 '변방'으로 가라는 부르심을 따르도록 요청받고 있는 것입니다. […]

30. 또한 각 개별 교회는 자기 주교의 지도 아래 가톨릭교회의 한 부분으로서 선교적 쇄신으로 부름 받고 있습니다. 개별 교회는 복음화의 첫째 주역입니다.[1] 하나인 교회를 세상의 특정한 장소에서 구체적으로 드러내고, 그 안에서 "하나이고 거룩하고 보편되며 사도로부터 이어 오는 그리스도의 교회가 참으로 내재하며 활동하기"[2] 때문입니다. 개별 교회는 특정한 장소에 구현되고, 그리스도께서 주신 구원의 모든 수단을 갖추고 있지만, 그 지역의 얼굴을 지닌 교회입니다. 예수 그리스도를 전하는 개별 교회의 기쁨은 그분을 더욱 필요로 하는 곳에 그분을 선포하려는 열정으로 드러나고, 그 지역의 변두리나 새로운 사회 문화적 환경을 향하여 끊임없이 나아가는 출발로 표현됩니다.[3] 부활하신 그리스도의 빛과 생명을 가장 필요로 하는 바로 그곳에, 교회는 언제나 현존하고자 합니다.[4] 이러한 선교 열정이 더욱더

---

[1] 세계주교대의원회의 제13차 정기총회, 〈건의안Propositio〉(이하, 〈건의안〉), 41항 참조.

[2] 제2차 바티칸 공의회 - 주교들의 사목 임무에 관한 교령 〈주님이신 그리스도Christus Dominus〉, 11항.

[3] 베네딕토 16세, 제2차 바티칸 공의회 - 교회의 선교 활동에 관한 교령 〈만민에게Ad gentes〉 반포 40주년 기념 국제회의 참석자들에게 한 연설, 2006년 3월 11일 참조.

[4] 〈건의안〉, 42항 참조.

강렬하고 광범위하고 충만해지도록 저는 각 개별 교회에 단호한 식별과 정화와 개혁의 과정으로 들어서기를 권고합니다. […]

77. 그럼에도 이 시대의 자녀인 우리는 모두 어떻게든 현재의 세계화된 문화에 영향을 받고 있습니다. 이 문화는 우리에게 가치와 새로운 가능성을 주면서도 우리에게 제약과 악영향을 미치고 심지어 우리를 병들게 할 수도 있습니다. 저는 사목 일꾼들이 도움을 받고 활력을 되찾을 수 있는 자리가 마련되어야 한다는 것을 압니다. 곧 "십자가에 못 박히시고 부활하신 예수님에 대한 자신의 신앙을 새롭게 하는 자리, 가장 심오한 질문과 일상의 관심사를 나누는 자리, 자신의 개인적 사회적 선택이 선과 아름다움을 향하도록 자신의 삶과 경험을 복음에 비추어 더욱 깊이 식별하는 자리"[1]가 필요합니다. 또한 저는 오늘날 사목 일꾼들에게 특히 영향을 주고 있는 몇 가지 유혹들에 관하여 주의를 환기시키고자 합니다. […]

---

[1] 베네딕토 16세, 제14차 이탈리아 가톨릭 운동 전국 총회에서 이탈리아 교회와 국가에 보낸 메시지, 2011년 5월 8일.

## 선교 사명을 수행하는 제자들이 겪는 유혹

라틴아메리카 주교회의CELAM 지도부 주교단에게 일반 조정 회의 중에 한 연설, 수마레Sumaré 연학 센터, 리우데자네이루, 2013년 7월 28일

선교를 지향하는 제자직을 선택할 때, 우리는 유혹에서 자유로울 수 없습니다. 우리가 식별을 잘하기 위해서는 악한 영의 전략을 이해하는 것이 중요합니다. 이는 악마를 쫓아내는 문제가 아니라, 단순하고 명료한 시각과 복음적 기민함을 갖추는 문제입니다. 저는 교회가 '유혹에 빠져' 있음을 보여 주는 몇 가지 태도를 이야기하려고 합니다. 이는 현시대의 몇몇 현상을 인식하는 것과 관련이 있는데, 이 현상들은 선교를 지향하는 제자직의 발전을 희화화하며, 사목적 회심의 과정을 늦추고, 심지어는 완전히 실패로 몰아가기도 합니다.

### (1) 복음 메시지의 이념화

이 유혹은 처음부터 교회 내에 존재해 왔던 것으로, 복음 자체나 교회와는 동떨어진 채, 복음을 해석하려는 시도입

니다. 한 가지 예로, 아파레시다Aparecida에서 라틴아메리카의 주교들이 한때 이러한 '무균실asepsi'의 유혹을 느꼈던 것을 들 수 있습니다. 주교들이 선택했던 "보고, 판단하고, 행동하라"(《아파레시다 문헌》 19항 참조)라는 방식은 올바른 것이었습니다. 그러나 철저하게 무균적으로 '보기', 즉 무관심하게 중립을 지키면서 '보기'를 선택하려는 것은 유혹으로, 이는 불가능한 것이었습니다. 우리가 어떤 것을 '보는' 방식은 시각에 따라 항상 달라집니다. '무균적 해석학'이란 없습니다. 그렇다면 질문은 '우리는 현실을 보기 위해서 어떤 시각을 취해야 하는가?'였다고 할 수 있습니다. 아파레시다는 '제자의 시각'이라 응답하였고, 이것이 〈아파레시다 문헌〉 20-32항을 이해하는 방식입니다. 복음 메시지를 이념화하는 방법에는 몇 가지가 있는데, 현재 라틴아메리카와 카리브해 지역에서 이러한 성격의 제안들이 나타나고 있습니다. 그중 일부만 언급하겠습니다.

---

1 역자주: 2007년 5월 13-31일에 라틴아메리카의 주교들은 브라질의 아파레시다에서 제5차 라틴아메리카 주교단 회의를 열었다. 의제는 개신교가 점차 세력을 넓혀 가고 있는 라틴아메리카에서의 가톨릭의 미래였다. 이 주교단 회의의 결과물이 〈아파레시다 문헌〉이다.

① **사회학적 환원주의:** 가장 쉽게 발견되는 이념화의 방법으로, 특정 시기에 매우 큰 영향력을 발휘했습니다. 사회과학에서 사용하던 해석학을 기초로 한 분석적 주장을 포함하며, 자유시장주의부터 마르크스주의 범주에 이르기까지 가장 다양한 분야를 포괄합니다.

② **심리학적 이념화:** 이는 궁극적으로 '예수 그리스도와의 만남'과 그 발전을 자기 인식의 역동으로 축소하는 엘리트주의적 해석학과 관련이 있습니다. 보통 영성 강의나 피정 등에서 찾아볼 수 있습니다. 심리학적 이념화의 유혹에 빠지게 되면 결국 내재적이며 자기 참조적인 접근 방식으로 귀결됩니다. 이는 하느님의 초월성과 아무 관련이 없으며, 선교 정신에서도 멀어진 것입니다.

③ **영지주의적gnostica 해결책:** 이는 위의 유혹과 밀접하게 연결되어 있는데, 더 높은 차원의 영성에 대해 애매모호한 주장을 하는 소수의 엘리트 집단에서 주로 발견됩니다. 영지주의의 유혹에 빠지면 사목적 측면에서 볼 때 **'논쟁의 여지가 있는 문제'**에만 몰두하다가 끝나게 됩니다. 이는 초기 공동체에서 일어난 첫 번째 일탈이었으며,

교회 역사 전반에 걸쳐 조금씩 수정되고 새로워진 양식으로 다시 나타납니다. 대체로 이런 방법을 지지하는 사람들은 '조명주의 가톨릭 신자cattolici illuminati'라고 불립니다(사실 그들은 조명주의 문화에 뿌리를 두고 있기 때문입니다).[1]

④ **펠라기우스적pelagiana**[2] **해결책:** 이는 근본적으로 복원주의의 한 형태로 나타납니다. 이러한 사람들은 교회가 앓는 병폐를 해결하기 위하여, 문화적으로도 의미가 없고 시대에도 뒤떨어진 방식을 다시 확립함으로써 규율적인 방안을 모색하려 합니다. 라틴아메리카에서는 일반적으로 소공동체나 일부 새로운 수도회에서 교리적 또는 규율적 '안전'에 과도하게 집착하는 경향으로 나타납

---

[1] 역자주: 15세기부터 사용된 단어인 illuminati(라틴어로 '계몽된 자들')는 우리말로 '조명주의자'라고 부를 수 있다. 자신들이 높은 차원에 있는 영의 세계에서 빛을 받아 계몽되었는데, 이는 특별한 차원의 인간 지능 때문이었다고 주장하는 몇몇 집단을 일컫는다. 스페인의 '알룸브라도스alumbrados'가 그 예이다.

[2] 역자주: 로마의 수도승이었던 펠라기우스Pelagius(?-418)는 인간은 하느님의 섭리를 자력으로 실행할 능력이 있으므로 영혼의 구원도 신앙의 노력으로 이룰 수 있다고 주장하며, 원죄 교리와 유아세례를 부정하였다. 418년 카르타고에서 개최된 시노드에서 펠라기우스주의자들은 이단으로 확정되었다.

니다. 이 유혹은 **내부로 향하는ad intra** 퇴행적 역동성을 보이지만, 근본적으로는 정적입니다. 잃어버린 과거를 '회복'하려는 움직임입니다.

## (2) 기능주의

교회 안의 기능주의funzionalismo는 교회를 마비시키는 행동입니다. 그것은 실제 여행보다는 '여행 계획'에 더 정신을 쏟습니다. 기능주의는 신비를 용인하지 않고 효율성만 추구합니다. 그것은 교회의 현실을 비정부 기구NGO 정도로 축소하는 태도입니다. 기능주의에서 중요한 것은 검증 가능한 결과와 통계이며, 이 안에서 교회는 여느 기업 조직처럼 운영됩니다. 그것은 사목적 돌봄이 필요한 조직에도 일종의 '번영신학teologia della prosperità'을 적용합니다.[3]

---

[3] 역자주: 번영신학은 제2차 세계대전 이후 미국의 오순절파Pentecostalism 교회에서 유래한다. 번영신학은 인간이 하느님을 믿으면 그에 상응하는 하느님의 상급이 주어지며, 건강과 부도 증진된다고 주장하는데 이는 반그리스도교적 신학이다.

### (3) 성직주의

이 또한 최근 라틴아메리카가 빈번하게 겪는 유혹입니다. 기이하게도 성직주의clericalismo는 대개 죄스러운 공모共謀 때문에 일어납니다. 본당 신부는 성직주의에 빠지고, 평신도도 결국 자신의 편의를 위해 본당 신부에게 성직화를 요구합니다. 성직주의 현상은 라틴아메리카 일부 평신도가 성숙하지 못하고 그리스도인으로서 자유가 부족하다는 것을 상당 부분 설명해 줍니다. 그들 대다수는 성장하기를 거부하거나, 앞에서 살펴본 몇 가지 이념화(때로는 부분적·제한적으로)의 날개 아래로 피신합니다. 하지만 이곳 라틴아메리카에는 하느님 백성이 체험하는 현세적 자유의 한 형태, 곧 하느님 백성인 가톨릭교회가 존재합니다. 여기에서 우리는 더 크고 건전한 자율성을 볼 수 있는데, 이 자율성은 근본적으로 대중 신심에서 표현됩니다. 〈아파레시다 문헌〉은 대중 신심의 이 측면을 깊이 있게 설명합니다. 성경 공부 그룹, 풀뿌리 교회 공동체 및 본당 사목 회의의 확산은 성직주의를 극복하고 평신도의 책임을 높이는 데 도움이 되고 있습니다.

---

역자주: 〈아파레시다 문헌〉, 258-265항.

선교를 지향하는 제자직을 방해하는 몇 가지 다른 유혹을 계속 설명할 수 있지만, 앞서 언급한 내용이 라틴아메리카와 카리브해 지역에서 발견되는 가장 중요하고 두드러진 현상입니다.

## 2. 나는 누구를 위한 존재인가?: 응답을 위한 식별

### 신비를 엿보기

교황 권고, 〈그리스도는 살아 계십니다〉, 2019년 3월 25일

170. 세계주교대의원회의에서는 다음과 같이 인정합니다. "사회 참여는, 이전 세대와 다른 방식으로 이루어진다고 해도, 오늘날 젊은이들의 특징입니다. 무관심한 젊은이들도 있지만, 많은 젊은이들이 자원봉사 활동, 능동적 시민 의식과 사회 연대를 촉구하는 계획들에 기꺼이 참여합니다. 젊은이들이 자신의 재능과 기술을 창의적으로 발휘할 수 있도록 그들을 동반하고 격려하며, 그들이 책임을 맡을 수 있도록 독려해야 합니다. 사회 참여와 가난한 이들과의 직접적인 만남은 신앙을 발견하거나 신앙에 깊이를 더하고 자신의 성소를 식별하는 데에 기본이 되는 길입니다."[1] […]

---

[1] 세계주교대의원회의 제15차 정기총회 〈최종 문서〉(이하, 〈최종 문서〉), 46항.

255. 활동이 성소의 한 표현이기는 하지만, 여러분 각자의 성소는 그저 여러분이 해야 하는 활동에만 있지 않습니다. 여러분의 성소는 그 이상의 어떤 것입니다. 여러분의 많은 노력과 많은 활동을 다른 이들에 대한 봉사로 이끄는 여정입니다. 따라서 성소 식별에서, 여러분 자신에게 사회봉사에 필요한 소질이 있는지 살펴보는 것이 중요합니다. […]

280. 이러한 식별은 "이성과 예지를 포함할지라도, 그것들을 뛰어넘습니다. 하느님께서 우리 각자를 위하여 마련하시고 […] 유일하고 되풀이될 수 없는 하느님 계획의 신비를 엿볼 수 있기 때문입니다. […] 그것은 나를 아시고 사랑하시는 하느님 아버지 앞에서 내 삶의 의미와, 그 누구보다도 하느님께서 잘 알고 계시는 내 삶의 진정한 목적과 관련된 것입니다."[2] […]

281. 여기에서 우리는 '양심의 형성'이 지니는 중요성을 알 수 있습니다. 이는 식별이 하느님에 대한 믿음 안에서 깊이 있게 이루어질 수 있게 해 줍니다. "양심의 형성은 온 생애

---

[2] 프란치스코, 〈기뻐하고 즐거워하여라〉, 170항.

에 걸쳐 이루어지는 여정입니다. 이 여정을 통하여 우리는, 예수님의 선택에 바탕이 된 기준들과 그분 행동에 담긴 의향들을 본받으면서, 예수 그리스도께서 지니셨던 바로 그 마음을 기르는 법을 배우는 것입니다(필리 2,5 참조)."

282. 이러한 양심의 형성 과정에서, 우리는 그리스도께서 변화시켜 주시는 대로 우리 자신을 맡깁니다. 또한 우리는 "선행의 습관"을 계발합니다. "선행의 습관은 우리의 양심성찰의 일부이기도 합니다. 우리는 그저 죄만 알아차리는 것이 아닙니다. 우리의 일상생활에서, 우리를 둘러싸고 있는 세상과 우리 개인 역사의 사건들 안에서, 우리보다 앞장서 가거나 자신의 지혜로 우리를 동반하는 모든 사람의 증언 안에서, 우리는 하느님의 활동을 깨닫기도 합니다. 이 모든 것은 우리가 예지의 덕을 키우는 데에 도움이 됩니다. 그리하여 우리는 자신의 은사와 한계를 차분히 받아들이면서 구체적인 선택들을 통하여 우리 삶의 전반적인 방향을 정립해 나가는 것입니다." […]

---

1 〈최종 문서〉, 108항.

2 〈최종 문서〉, 108항.

285. 자신의 성소를 식별하고자 할 때, 우리는 스스로 몇 가지 질문을 해 보아야 합니다. '돈을 더 많이 벌 수 있는 곳은 어디인가?' 또는 '더 많이 인정받고 더 큰 사회적 지위를 누릴 수 있는 곳은 어디인가?'와 같은 질문으로 시작해서는 안 됩니다. 또한 '가장 큰 쾌락을 주는 일은 무엇인가?'라는 질문도 아닙니다. 잘못된 방향으로 나아가지 않으려면, 사고의 전환이 필요합니다. 그리고 우리는 이렇게 질문해야 합니다. '내 겉모습이나 감정들 말고, 나는 나 자신을 알고 있는가?', '내 마음에 기쁨을 가져다주는 것은 무엇이고 또 슬픔을 안겨 주는 것은 무엇인지 나는 알고 있는가?', '나의 장점과 약점은 무엇인가?' 이러한 질문들은 바로 또 다른 질문들을 불러일으킵니다. '어떻게 하면 내가 사람들에게 더 잘 봉사하고, 세상과 교회에 더 보탬이 될 수 있을까?', '이 세상에서 나의 진짜 자리는 어디인가?', '나는 사회에 무엇을 줄 수 있는가?' 이 밖에도 다른 많은 현실적인 질문들이 이어질 수 있습니다. '나는 그 일에 필요한 자질들을 갖추고 있는가?', 또는 '나는 그러한 자질들을 습득하고 계발할 수 있는가?'

286. 이러한 질문들은 우리 자신과 우리 자신의 성향들보다는 오히려 다른 이들에게 초점을 맞추어야 합니다. 그렇게 할 때에 우리의 식별은 다른 이들의 삶과 이루는 관계 안에서 우리 삶을 바라보도록 이끌 수 있습니다. 이러한 까닭에, 저는 무엇보다도 가장 중요한 질문이 무엇인지 여러분에게 상기시켜 드리고자 합니다. "'나는 누구인가?' 우리는 살아가면서 이렇게 자문하며 시간을 허비하는 경우가 너무 많습니다. 여러분도 앞으로 살아가면서 계속 '나는 누구인가?'라고 질문할 수 있습니다. 그러나 정작 우리가 해야 할 참다운 질문은 바로 이것입니다. **'나는 누구를 위하여 존재하는가?'**"[1] 물론, 여러분은 하느님을 위하여 존재합니다. 그러나 하느님께서는 여러분이 다른 사람들을 위해서도 존재하기를 바라셨습니다. 그래서 하느님께서는 여러분에게 많은 자질과 성향과 은총과 은사를 베풀어 주십니다. 이는 여러분 자신을 위한 것이 아니라 여러분 주위 사람들과 함께 나누어야 하는 것입니다.

---

[1] 프란치스코, 제34차 세계청년대회 준비 철야 기도에서 한 연설, 2017년 4월 8일.

# 두려워 마십시오!

제33차 세계청년대회 담화문, 2018년 2월 11일

의심과 두려움이 우리 마음을 지배할 때, 우리에게는 **식별**이 필요합니다. 식별은 우리의 혼란스러운 생각과 느낌에 질서를 잡아 주고, 우리가 정의롭고 신중하게 행동할 수 있게 합니다. 이 과정에서 두려움을 극복하는 첫걸음은 두려움을 명확하게 알아차리는 것입니다. 그래야 얼굴도 없고 실체도 없는 유령의 손아귀에서 시간과 에너지를 낭비하지 않을 수 있습니다. 이를 위해 저는 여러분 모두가 내면을 들여다보고 각자의 두려움에 '이름을 붙이도록' 여러분을 초대합니다. 한번 자문해 보십시오. '오늘 내가 겪은 구체적인 상황에서 무엇이 나를 힘겹게 했고, 나는 무엇을 두려워하는가? 무엇이 나를 가로막아 앞으로 나아가지 못하게 하는가? 결정을 내려야 하는 중요한 시점임에도, 내가 용기를 내지 못하는 이유는 무엇인가?' 두려워하지 말고 당신의 두려움을 정직하게 대면하십시오. 그것이 무엇인지 인식하고, 받아들이십시오. 성경은 인간이 느끼는 두려움과 두려움을 갖게 되는 여러 이유들을 부인하지 않습니다. 아브라함은 두려움을 느꼈습니다(창세 12,10 참조). 야곱도(창세 31,31; 32,8

참조), 모세도(탈출 2,14; 17,4 참조), 베드로도(마태 26,69 이하 참조), 사도들도(마르 4,38-40; 마태 26,56 참조) 모두 두려움을 느꼈습니다. 감히 비교할 수 없지만, 예수님도 두려움과 고뇌를 몸소 경험하셨습니다(마태 26,37; 루카 22,44 참조).

"왜 겁을 내느냐? 아직도 믿음이 없느냐?"(마르 4,40). 제자들을 향한 예수님의 꾸지람은 신앙을 방해하는 것이 불신이 아닌 **두려움**임을 깨닫게 합니다. 이런 의미에서 식별 과정은 우리가 무엇을 두려워하는지 파악하고, 삶에 열린 마음을 갖게 하며, 지금 맞닥뜨린 어려움에 침착하게 맞섬으로써 두려움을 극복하는 데 도움을 줍니다. 특히 우리 그리스도인은 두려움이 우리를 집어삼키지 않도록 조심해야 합니다. 오히려 그리스도인은 두려움을 하느님 안에서, 그리고 우리 삶 안에서 믿음으로 행동할 수 있는 계기로 삼아야 합니다! 이는 곧 하느님께서 우리에게 주신 우리 존재의 근본적인 선을 믿는다는 뜻입니다. 신비로운 상황과 우여곡절을 통해서도 하느님께서 우리를 좋은 결말로 이끌어 주신다고 믿는 것입니다. 하지만 만약 우리가 계속해서 두려움을 키워 간다면, 우리는 모든 것과 모든 사람으로부터 자신을 보호하느라 바리케이드를 치고 무기력하게 자신을 폐쇄하게 될 것입니다. 절대로 자신을 닫지 마십시오!

성경에는 "두려워하지 마라"라는 표현이 다양한 방식으로 365번 반복됩니다. 마치 주님께서 우리가 일 년 내내 두려움에서 해방되기를 바라시는 듯 말입니다.

자기 고유의 성소를 찾는 데에 식별은 필수 불가결합니다. 우리의 성소는 처음부터 명확하게 드러나지 않습니다. 서서히 깨닫게 되는 것입니다. 이때 식별을, 자신을 강화하고 평정심을 얻기 위해서 내면의 작용 원리나 구조를 더 잘 인식하려는 개인적 노력으로 이해해서는 안 됩니다. 우리는 내면을 성찰함으로써 강해질 수는 있으나, 우리가 가진 가능성과 사고의 지평을 넘어서지 못하고 갇혀 있게 됩니다. 하지만 성소는 **위로부터의 부르심**입니다. 그러므로 우리가 말하는 식별은 우리를 부르시는 분께 마음을 여는 것을 의미합니다. 그러므로 우리의 양심을 울리는 하느님의 목소리를 듣기 위해 우리는 기도하는 마음으로 침묵해야 합니다. 하느님께서는 성모님에게 하신 것처럼 우리 마음의 문을 두드리십니다. 하느님께서는 기도를 통해 우리와 친교를 맺으시고, 성경 말씀을 통해 우리와 대화하기를 바라십니다. 또한 고해성사를 통해 자비를 베푸시고, 성체 안에서 우리와 하나가 되기를 원하십니다.

신앙 안에서 많은 경험을 한 **다른 형제자매들**과 만나며 대화를 나누는 일도 중요합니다. 그들은 우리가 여러 선택지를 바라보며 더욱 현명하게 선택할 수 있도록 도와주기 때문입니다. 어린 사무엘이 주님의 목소리를 들었을 때, 그는 그 음성의 주인이 주님이시라는 사실을 바로 알아차리지 못합니다. 사무엘은 나이 많은 사제였던 엘리에게 세 번이나 찾아가는데, 세 번째로 찾아갔을 때 엘리는 사무엘에게 주님의 부르심에 올바르게 응답하는 방법을 알려 줍니다. "누군가 다시 너를 부르거든, '주님, 말씀하십시오. 당신 종이 듣고 있습니다' 하고 대답하여라"(1사무 3,9). 사무엘이 그랬듯이 여러분도 고민이 있을 때 언제나 교회에 의지할 수 있다는 사실을 기억하시길 바랍니다. 참으로 훌륭한 사제와 수도자 그리고 평신도가 많습니다. 그중 많은 이가 젊으며, 신앙 안에서 형제자매로서 여러분을 동반할 수 있습니다. 그들은 성령에 힘입어 여러분이 겪는 많은 의심을 해소해 주고, 여러분의 개인 성소聖召의 계획을 읽는 데 도움을 줄 것입니다. '다른 사람들'은 여러분을 영적으로 동반해 줄 뿐만 아니라, 하느님이 주신 무한한 존재의 풍요로움에 우리 자신을 열도록 도와줍니다. 우리가 살고 있는 도시와 지역 공동체에는 성장하고, 꿈꾸며, 넓고 새로운 지평을 보기 위한 공간이 필요합니다. 다른 사람들과의 만남을 즐기고 우정을 쌓으며, 함께 꿈꾸고 함께 걸어가는 기쁨을 잃지 마십시오. 참된 신앙인은 다른 사람에게 마음을 열고 자신의 소중한 공간을 공유하여 형제애의 공간으로 바꾸는 것을 두려워하지 않습니다. 사랑하는 청년 여러분, 자신만의 어두운 골방에 틀어박혀 여러분이 지닌 젊음의 불꽃이 꺼지게 하지 마십시오. 세상을 만나는 유일한 창문이 오직 골방 속의 컴퓨터와 스마트폰이어서는 안 됩니다. 여러분의 삶의 문을 활짝 열어 놓으십시오! 여러분의 시간과 공간이 진실한 사람들로 가득하기를, 그래서 참되고 실제적인 경험을 나눌 수 있기를 기도합니다.

## 혼인은 성소입니다
교황 권고, 〈사랑의 기쁨〉, 2016년 3월 19일

72. 혼인성사는 사회적 관습이나 의미 없는 예식, 또는 단순히 약속의 외적 표징이 아닙니다. 혼인성사는 부부의 성화와 구원을 위하여 주어진 선물입니다. "그들의 상호 유대는 그리스도와 교회와의 관계 자체에 대한 성사적 징표이고 진정한 표현입니다. 그러므로 부부들은 십자가 위에서 일어

난 일을 교회에 계속 상기시킵니다. 그들은 서로에게나 자녀들에게 구원의 증인이 되고, 성사는 그들을 구원의 참여자로 만듭니다." 혼인은 성소입니다. 완전하지는 않지만 그리스도와 교회의 사랑을 나타내는 표징인 부부 사랑을 실천하라는 특별한 부르심에 대한 응답이기 때문입니다. 그러므로 혼인하여 가정을 꾸리겠다는 결심은 성소 식별의 결실이어야 합니다.

---

요한 바오로 2세, 〈가정 공동체〉, 13항.

# 3. 식별의 장소

## 시대의 징표를 겸손하게 듣는 신학자

국제신학위원회 위원들에게 한 연설, 2014년 12월 5일

여러분의 사명은 교회에 봉사하는 것입니다. 여기에는 지적 능력과 영적 태도가 전제됩니다. 저는 여러분이 영적 태도 중에서 경청의 중요성에 주목하길 바랍니다. 에제키엘 예언자는 "사람의 아들아, 내가 너에게 하는 말을 모두 마음에 받아들이고 귀담아들어라"(에제 3,10)라고 말합니다. 신학자는 무엇보다도 살아 계신 하느님의 말씀을 듣고 마음과 정신으로 받아들이는 신자입니다. 또한 신학자는 겸손하게 "성령께서 여러 교회에게 하시는 말씀"(묵시 2,7)을 들어야 합니다. 이는 하느님 백성의 살아 있는 신앙의 다양한 표현을 통해 나타납니다. 국제신학위원회가 최근 발표한 문서인 〈교회 생활에서의 신앙 감각 *Il sensus fidei nella vita della Chiesa*〉은 이를 다시 한번 상기시킵니다. 매우 아름다운 문서입니다. 저는 이 문서를 아주 좋아합니다. 축하드립니다! 사실 신학자는 모든 그리스도인과 함께 '시대의 징표'에 눈과 귀를 엽니다. 신학자는 "우리 시대의 다양한 언어를 주

의 깊게 듣고, 식별하고, 해석하고, 이를 주님 말씀의 빛에 비추어 판단하는 법(판단은 주님의 말씀이 하는 것입니다)을 알도록 부름을 받았습니다. 이렇게 하여 계시 진리가 언제나 더 깊이 인식되고, 더 잘 이해되며, 더욱 적절한 형태로 제시될 수 있기 때문입니다."[1]

## 지혜의 현장인 대학

이탈리아 칼리아리Cagliari시에서 문화계 인사들에게 한 연설, 2013년 9월 22일

현실을 있는 그대로 직시하면서 해석하는 것이 중요합니다. 이념적이거나 부분적인 해석은 쓸모가 없으며 단지 환상과 환멸만을 불러일으킬 뿐입니다. 현실을 해석하는 것뿐 아니라 두려워하지 않고, 도망가지 않고, 상황을 엉망으로 만들지 않고서 이 현실을 살아가야 합니다. 모든 위기는 통로입니다. 우리가 당면한 위기도 그렇습니다. 이 통로는 노고와 역경이 따르는 산고産苦이지만, 우리를 생명과 쇄신으로

---

[1] 제2차 바티칸 공의회 - 현대 세계의 교회에 관한 사목 헌장 〈기쁨과 희망*Gaudium et spes*〉, 44항(역자 번역).

이끌고, 희망의 힘을 가져다줍니다. 그리고 이것은 다만 '변화'의 위기가 아닙니다. '시대 변화'의 위기입니다. 시대는 바뀝니다. 단지 피상적인 변화가 아닙니다. 위기는 정화의 시기가 될 수 있습니다. 우리의 사회·경제 모델과 우리에게 환상을 불러일으키는 진보에 대한 어떤 개념을 재고하여, 모든 차원에서 인간성을 회복하는 때가 될 수 있습니다. 식별은 맹목적이거나 즉흥적이지 않습니다. 식별은 윤리적·영적 기준에 근거하여 이루어지며, 무엇이 좋은지 우리 자신에게 물어보는 것입니다. 그 질문은 인간과 세계에 대한 비전의 가치를, 모든 차원에서, 특히 영적·초월적 차원에서 인간에 대한 비전의 가치를 담고 있습니다. 사람은 결코 '인적 자원 materiale umano'으로 취급될 수 없습니다! 이것은 아마 기능주의에 숨겨진 계획일 것입니다. '지혜'의 현장인 대학은 희망을 키우기 위하여 학생들이 식별을 배우는 데 매우 중요한 역할을 합니다. 슬픔과 낙담에 빠져 엠마오로 가는 두 제자에게 부활하신 예수님께서 낯선 여행자로 다가가실 때, 그분은 십자가의 현실, 그들을 위기로 몰아넣은 명백한 패배를 감추려 하지 않으셨습니다. 오히려 그분은 그들을 부활의 빛으로 인도하시기 위하여, 현실을 읽으라고 초대하십니다. "아, 어리석은 자들아! […] 마음이 어찌 이리 굼뜨냐?

그리스도는 그러한 고난을 겪고서 자기의 영광 속에 들어가야 하는 것이 아니냐?"(루카 24,25-26). 식별은 도피가 아니라, 편견 없이 진지하게 현실을 해석하는 것입니다.

## 새로운 기술을 식별하기

교황청 사회홍보평의회 위원회 총회 연설, 2013년 9월 21일

2. 이제 두 번째 성찰로 넘어갑시다. 이러한 맥락에서 우리는 스스로에게 다음과 같이 질문해야 합니다. '교회는 운영과 소통의 측면에서 어떤 역할을 해야 하는가?' 기술적인 문제를 넘어 모든 상황에서, 그 목표는 오늘날 사람들의 기대와 의심과 희망을 이해하기 위해, 그들의 대화 속으로 들어가는 법을 배우는 것이라고 저는 믿습니다. 그들은 때때로 신앙이 주는 깊은 의미를 전달하려고 노력하면서 자신들에게 각박해 보이는 그리스도교에 약간 실망한 사람들입니다. 실제로 오늘날 우리는 세계화 시대에 방향감각의 상실과 고독이 증가하는 것을 목격하고 있습니다. 사람들이 삶의 의미를 잃고, '집'이라고 할 수 있는 것이 없고, 깊은 유대 관계를 맺으려 안간힘을 쓰는 상황이 퍼지고 있습니다.

그러므로 대화하는 법을 익히는 것이 중요합니다. 경청하고, 대화하고, 격려하는 존재로 나서기 위해서, 새로운 기술과 소셜 네트워크를 분별력 있게 활용하는 것이 중요합니다. 그리스도인의 정체성을 지닌 여러분은 이런 환경의 시민이 되기를 두려워하지 마십시오. 이 여정에 동행하는 교회는 모든 사람과 함께 걷는 법을 압니다! 이냐시오 성인이 사용했던 순례자를 위한 오래된 규칙이 있습니다. 예수회 회원이기에 저도 그것을 압니다! 그중 하나는 순례자와 동행하는 사람은 순례자의 속도에 맞춰 걸어야지, 앞서가거나 뒤처지지 말아야 한다는 것입니다. 이것이 바로 제가 말하고 싶은 것입니다. 여정에 동반하는 교회, 그리고 오늘날 걸어가는 길에서 어떻게 여정을 시작해야 하는지 아는 교회를 상상합니다. 이 순례자를 위한 규칙은 우리에게 영감을 줄 것입니다.

### 어떤 사업에 필요한 우선 순위는 무엇인가?

회칙, 〈찬미받으소서〉, 2015년 5월 24일

185. 어떤 사업에 관한 모든 토론에서 그 사업이 참다운 통

합 발전에 이바지할 것인지를 알려면 다음과 같은 질문들이 제기되어야 합니다. (사업의) 목적은? 이유는? 장소는? 시기는? 방식은? 수혜자는? 위험 요소는? 비용은? 비용 지불 주체와 방법은? 이러한 검토 과정에서 우선되어야 하는 사안이 있습니다. 예를 들어 우리는 물이 필수적이지만 부족한 자원이며, 다른 인권들의 행사의 조건이 되는 기본권이라는 것도 알고 있습니다. 이는 의심의 여지가 없는 것으로 특정 지역에 대한 모든 환경 영향 평가에 우선하는 것입니다.

# 결론

## 이것은 저의 식별 체험입니다

로마 교황청립대학 학생들과의 만남에서 한 연설, 2018년 3월 16일

"프란치스코 교황이 식별에 대해 이야기하면서부터 그것이 유행이다. […] 그런데 그게 그와 무슨 상관이 있지?"라며 나쁘게 말하는 사람들이 있습니다. 그러나 식별은 복음 안에 있습니다! 복음뿐만 아니라 교회 역사 전체가 식별의 역사이며, 영혼에 대한 이야기는 곧 식별에 대한 이야기입니다. 교황청 성직자성이 발행한 문서인 〈사제성소의 선물〉[1]은 식별을 자주 강조합니다. 식별은 우리 삶에서 이해하는 법을 아는 것입니다. '이것은 괜찮고 저것은 나빠.' '이것은 주님에게서 왔고, 이것은 나에게서 왔으며, 이것은 악마에게서 온 것이다.' 이것은 기본입니다. 식별은 모든 그리스도인 삶의 근본적인 언어이고, 특히 사제에게는 더욱 그러합니다. 식별해야 합니다.

---

[1] 역자주: 사제 양성의 기본 지침 〈사제성소의 선물 *Il Dono della Vocazione Presbiterale*〉, 2016년 12월 8일.

그러나 올바르고 참된 식별을 위해서는 두 가지 조건이 있습니다. 첫째는 기도입니다. 즉 하느님 앞에, 그분의 현존 앞에 서는 것입니다. 기도를 통해 지금 내 마음과 영혼 안에서 무엇이 일어나고 있는지 알아차리는 것입니다. "이 일을 해야 하는데…. 마음이 편치 않다…. 그래…. 왜 그럴까?" 둘째는 비교입니다. 나의 언행을 다른 사람과 비교해 보는 것입니다. 그 사람은 증인입니다. 여러분 가까이에서 말은 하지 않지만 경청하고 방향을 제시하는 증인입니다. 그는 당신의 [문제를] 해결하지는 못해도 다음과 같이 말해줄 수 있습니다. "이것을 보세요. 저것도 보세요. 그리고 이러한 점도 한번 보세요…" "이것은 이러저러한 이유로 좋은 영감을 주는 것 같지 않습니다. 반면 이것은 좋은 영감을 주네요…" "하지만 결정은 당신이 직접 하고 앞으로 나아가세요!" 이는 여러분에게 도움이 됩니다. 그리고 처음부터 그렇게 하는 것이 중요합니다.

이것은 저의 식별 체험입니다. 저는 철학을 공부할 때 식별이 무엇인지 알고 싶었습니다. 저는 분별력 없이 2년 동안 수련기를 보냈거든요. (참석자들의 웃음) 네, 저는 기도를 마치면 영적 지도 신부님과 수련장 신부님께 가서 "저는 이것을 느꼈습니다…" 하고 말하곤 했습니다. 그러면 그분은 그 당시의 방식대로 저에게 그 상황을 명료하게 설명해 주셨습니다. 저는 지금 1958년에 일어난 일을 이야기하는 것입니다. 최근 저는 예수회 입회 60주년을 기념했습니다.[1] 저는 수련기와 인문학을 공부하는 연학 기간을[2] 마친 후에 철학 과정을 공부하기 시작했습니다. 그때 형이상학을 가르치던 교수님이 한 분 계셨는데, 아주 훌륭한 예수회 회원이자 철학부 학장이기도 했던 피오리토Fiorito 신부였습니다. 그분은 이냐시오 영성을 '지독히 사랑하셨던' 전문가로, 이론뿐 아니라 실천과 식별에서도 탁월했습니다. 그분은 우리에게 많은 것을 가르쳐 주었고, 제가 신학 공부 중 그분의 지도로 한 달간 영신수련을 했을 때도 저의 식별에 많은 도움을 주었습니다. 그리고 저는 관구장 임기를 마칠 무렵에 다른 사도직을 준비하기 위해 다시 한 달간 영신수련을 했고, 식별을 배울 수 있었습니다. 제가 철학 과정 중에 식별을 배우기 시작한 것은 이런 카리스마를 가진 그분을 발견했기 때문입니다. 그분은 토마스 아퀴나스 성인이 말한 하느님을

---

[1] 역자주: 프란치스코 교황은 1958년 3월 11일에 예수회에 입회하였다.

[2] 역자주: 2년간의 수련기를 마친 후, 지역 상황에 따라 예수회 회원은 철학 공부를 시작하기 전에 주니어리트Juniorate라고 부르는 1년간의 연학 기간을 갖는다. 이 기간에 예수회 회원은 인문학, 글쓰기, 외국어 등을 배운다.

향한 갈망을 주제로 박사 학위를 받은 철학자였는데 형이상학을 가르치셨습니다. 그분은 돌아가실 때까지 저의 영적 지도자였습니다. 네, 이것은 저의 경험입니다. 그분은 항상 저를 도와주셨습니다. 그러나 저는 항상 제 안에서 일어나는 것을 글로 적지는 않았습니다. 언젠가 여러분이 식별할 때 '이건 나빠, 나쁘지만 난 좋아' 하면서 무심결에 그냥 넘어가는 경우도 있을 것입니다. 하지만 이렇게 아무 생각 없이 앞으로 나아가는 행동이 좋지 않음을 여러분은 알고 있습니다. 이것은 저에게도 일어났던 일입니다. 여러분은 하느님 앞에서 진실을 말해야 합니다. 여러분은 상황이 어떤지 알아야 합니다. "이것은 열린 문이야. 나는 주님께서 나에게 말씀하시는 것을 알기 위해서 계속해서 앞으로 나아가야 한다고 믿어…" 그리고 저는 이 길을 가기 시작합니다. 식별도 이와 비슷합니다. 생명을 가져옵니다. 그러나 항상 우리와 함께해 주는 증인을 동반자처럼 옆에 두는 것은 좋은 일입니다. 나의 이러저러한 사안과 결과를 그 사람과 비교해서 볼 수 있기 때문입니다.

식별이 중요합니다. 식별이 없을 때를 조심하십시오! 사제 생활을 하면서 식별이 설 자리가 없는 때를 조심하십시오! 어떤 사제가 성숙한 사람이라면 그는 자연스럽게 식별을 할 것입니다. 매우 이상적입니다. 이 자연스러운 식별은 혼자서도, 자주 식별을 하고 또한 식별의 결과를 다른 사람과 비교하며 앞으로 계속해서 나아가는 가운데 일어납니다. 그러나 식별이 없으면 우리는 경직되고 결의론에 의존하게 됩니다. 삶에서 여러분에게 일어난 일이나 외부에서 일어난 일을 받아들이지 못하고, 앞으로 나아가거나 판단할 수 없을 때, 여러분은 완고해지고 결의론에 빠지며 '이건 가능한 일, 저건 불가능한 일'이라는 논리를 따르게 될 것입니다. 그때 모든 것이 닫힙니다. 성령이 역사하시지 못합니다. 식별을 돕는 분은 성령이시건만, 우리가 성령을 두려워하거나 혹은 우리의 여정을 함께 걸어갈 벗으로서 성령을 우리 삶에 모시지 않기 때문입니다. 성령은 우리에게 거룩함을 불어넣으시는 분이십니다. 성령은 우리에게 선교 정신을 북돋우시며, 우리 영혼이 들을 수 있도록 준비시키는 분이십니다. 그리고 우리 스스로가 식별해야 할 영적 감정을 마음 안에 불러일으키시는 분이십니다.

## 마음이 일러 주는 하느님

서울대교구 인가: 2023년 10월 18일
초판 1쇄 펴낸날: 2024년 3월 8일
4쇄 펴낸날: 2024년 12월 15일

엮은이: 자코모 코스타
옮긴이: 정강엽
펴낸이: 나현오
펴낸곳: 성서와함께

주소: 06910 서울특별시 동작구 흑석로13길 7
전화: (02) 822-0125~7/ 팩스: (02) 822-0128
인터넷서점: http://www.withbible.com
전자우편: order@withbible.com
등록번호 14-44(1987년 11월 25일)

ⓒ 성서와함께 2024
성경·교회 문헌 ⓒ 한국천주교중앙협의회, 2024.

ISBN 978-89-7635-428-0  93230